Flor

SIMONE WEIL

Deuxième édition mise à jour
5e mille

Que sais-je?

À lire également en

Que sais-je ?

COLLECTION FONDÉE PAR PAUL ANGOULVENT

Jean-François Mattéi, *Platon*, n° 880.
Louis-André Dorion, *Socrate*, n° 899.
Pierre-François Moreau, *Spinoza et le spinozisme*, n° 1422.
Jean-Louis Vieillard-Baron, *Bergson*, n° 2596.
Jean-François Mattéi, *Pythagore et les pythagoriciens*, n° 2732.
Jean Grondin, *La Philosophie de la religion*, n° 3839.
Laurence Devillairs, *René Descartes*, n° 3967.

ISBN 978-2-7154-0717-6
ISSN 0768-0066

Dépôt légal – 1re édition : 2016
2e édition mise à jour : 2021, juin

170 *bis*, boulevard du Montparnasse, 75014 Paris

CHAPITRE PREMIER

Une éducation intellectuelle

I. – Le culte du savoir

Figure intellectuelle singulière de la France du XXe siècle, philosophe de grand renom et aux très hautes visées spirituelles – « le seul grand esprit de notre temps », a pu écrire Camus à son sujet –, Simone Weil est d'origine juive par ses deux parents.

Du côté paternel, la famille, solidement établie à Strasbourg, dont le patronyme s'écrivait « Weill » jusqu'à la fin de la guerre de 1914-1918, pratiquait le judaïsme. En revanche, Bernard, médecin, père d'André et Simone (l'un des trois fils qu'Abraham Weil avait eus d'un second mariage), était athée et professait des idées progressistes. Du côté maternel, la lignée des Reinherz, originaire de Galicie puis établie à Anvers, était infiniment plus « colorée » : la famille, cosmopolite et cultivée, ne boudait pas la synagogue et en suivait les pratiques (il ne serait venu à l'esprit de personne d'épouser un *goï*), tout en faisant montre d'une grande largeur d'idées. Chez la mère de Simone, Salomea, appelée Selma, et chez Félix, son frère, la tendance sceptique s'accentua. Un vent de rébellion secoua la maisonnée[1].

1. Ces renseignements proviennent de l'ouvrage de Sylvie Weil, fille d'André Weil et nièce de Simone Weil, intitulé *Chez les Weil. André et Simone*, Paris, Buchet-Chastel, 2009.

Les parents de Simone Weil appartenaient donc à cette moyenne bourgeoisie israélite, douée pour les arts et la culture et vouant un grand respect au savoir et aux valeurs universitaires, qui avait vocation à s'assimiler à la société française et recherchait assidûment cette assimilation.

II. – Viser l'excellence

Dès leur plus jeune âge, les deux enfants furent dotés des meilleurs atouts pour réussir leur scolarité. Leurs parents leur recherchaient les meilleures écoles ou les meilleurs instituts et n'hésitaient pas à faire appel aux meilleurs professeurs pour leur donner des cours particuliers si quelque faiblesse apparaissait dans le corps enseignant. La visée première était celle de l'excellence, quel que soit le domaine abordé.

Les deux enfants entrèrent tout naturellement dans cette visée, André le premier. Ses capacités étonnantes dans le domaine de la mathématique lui promettaient les plus rares succès. Simone, sa sœur, peut-être éperonnée par son aîné mais brûlant du feu d'un courage héroïque, conçut dès l'adolescence un projet de vie qui lui permît d'accéder à « ce royaume transcendant où les hommes authentiquement grands sont seuls à entrer et où habite la vérité[1] ». Elle se fixa les principes d'une conduite dont elle fit la confidence au père Perrin, son ami dominicain de Marseille, dans une lettre fameuse, rédigée deux jours ou peut-être même la veille de son départ pour les États-Unis en mai 1942 et qu'il intitula « Autobiographie spirituelle ». L'extrême droiture de la jeune femme doit

1. *Œuvres*, Paris, Gallimard, « Quarto », 1999, p. 769, désormais *Œ*. Voir Bibliographie, p. 119.

nous retenir de douter de la véracité de ses dires. Prenons-la au mot :

> Après des mois de ténèbres intérieures j'ai eu soudain et pour toujours la certitude que n'importe quel être humain, même si ses facultés naturelles sont presque nulles, pénètre dans ce royaume de la vérité réservée au génie, si seulement il désire la vérité et fait perpétuellement un effort d'attention pour l'atteindre[1].

Il nous faut d'autant moins douter de cette volonté de « concevoir toute sa vie devant soi, et de prendre la résolution ferme et constante d'en faire quelque chose ; de l'orienter d'un bout à l'autre par la volonté et le travail dans un sens déterminé » que ce sont là les mots mêmes dont elle usa en 1935, sept années plus tôt, dans une lettre à son amie Albertine Thévenon, institutrice à Saint-Étienne, dont le mari, instituteur lui aussi, jouait un rôle important dans les activités syndicales de la région.

III. – Un programme de vie

On retiendra de l'extrait cité ci-dessus trois lignes directrices correspondant à autant de niveaux ou « registres » de « l'âme » humaine et qui se concentrent sur trois notions ou « mots-phares » où s'énoncent à la fois des certitudes et des injonctions à soi-même.

La première de ces certitudes est que le royaume de la *vérité* est réservé au *génie* (c'est pour elle une même notion dédoublée). Ce mot de « vérité », trop vaste en extension et trop riche en applications, doit s'entendre au négatif, c'est-à-dire comme refus du mensonge (particulièrement du mensonge à soi) et des

1. *Œ*, p. 769.

écrans qu'il dispose. Transposée sur le plan de l'ontologie, cette opposition s'opère entre rêve et réalité, la vérité étant « l'éclat de la réalité ».

Bien que le parcours brillantissime de son frère André, « qui a eu une enfance et une jeunesse comparables à celle de Pascal », l'eût confrontée dès l'enfance à la notion de génie, ce n'est point tant à elle-même qu'elle songe ici qu'à la destinée de « n'importe quel être humain ».

La deuxième ligne directrice que l'on peut dégager de la pensée de Simone Weil est en effet la croyance en l'*égale dignité* des êtres humains. L'influence de Descartes est ici patente. Ne lui fait-elle pas dire, dans le mémoire de diplôme d'études spécialisées qu'elle lui consacre en 1929, qu'« un homme quelconque, si médiocres que soient son intelligence et ses talents [peut], s'il s'y applique, connaître tout ce qui est à la portée de l'homme » ? Simone Weil manifeste ici une évidente et native connivence avec « ceux d'en bas ».

Enfin, sa philosophie requiert un *effort d'attention* perpétuel. La notion d'attention qui, selon elle, est « l'œil de l'âme », se développe en acceptions multiples. Simone Weil décèle au moins deux régimes de l'attention « selon qu'on essaie de concevoir les relations nécessaires qui composent [l'ordre du monde] ou d'en contempler l'éclat ». On retient ici le régime de l'attention qui est indissociable de celle de *méthode* et donc de celle de *rigueur*, laquelle en constitue le corollaire. On retrouve là d'ailleurs la « puissance de bien juger » qui ouvre le *Discours de la méthode*. C'est exprimer par là la valeur suprême de la mathématique, dont les démonstrations font défiler des chaînes de raison qui ouvrent la voie aux notions « claires ». Cette insistance sur la notion de méthode amènera Simone Weil à en appeler à une « révision critique de la science tout entière » (elle évoquera la nécessité de « repenser la science »). Mais cette exigence de méthode est avant tout intimement liée au souci qui ne la quittera jamais d'une *éducation ouvrière*. Elle voulait en effet faire passer le monde ouvrier de la nécessité subie à la nécessité méthodiquement maniée, afin de déchirer le voile d'ignorance qui le maintient en esclavage. Où l'on voit ici se dessiner les préoccupations sociales et politiques qui ne la quitteront jamais.

À ce bloc fortement cimenté viendront s'agréger les notions de *malheur* (d'abord presque entièrement rapportée à la condition ouvrière devenant ensuite la marque de la condition humaine en général) et d'*amour*, fortement corrélées, lorsqu'une révélation d'ordre mystique projettera sur son esprit un nouveau feu de lumière.

Telle est l'armure de la clé de cette immense « partition » aux mouvements si divers, qui est celle d'une vie autant que d'une pensée. On est en droit de parler ici de « composition sur plans multiples », en usant d'une expression chère à Simone Weil. Il est aisé de comprendre que, selon les *moments* ou points forts du parcours de la philosophe, telle ou telle ligne directrice domine largement sur les autres, qui coexistent néanmoins mais selon des configurations diversifiées, comme peuvent s'opposer ou s'allier l'explicite et l'implicite.

Certaines caractéristiques de la personnalité de Simone Weil expliquent cette variété d'accents. Outre le fait qu'elle avait coutume d'aller jusqu'au bout de sa pensée lorsqu'elle s'était engagée – et avec quelle intensité ! – dans une direction qui lui semblait devoir requérir toute sa force d'attention et de conviction, la dynamique puissante de son esprit lui faisait parcourir avec une remarquable célérité tel ou tel domaine de la pensée, ou une position doctrinale précise ou quelque autre encore. C'est avec la même prestesse qu'elle traversait aussi, s'insinuant puis s'esquivant, certains milieux ou groupes très particuliers, tels le Cercle communiste démocratique que fréquentaient les éléments les plus disparates, ou encore les épisodes du drame amoureux qui unit et déchira de son éclat sombre Souvarine, « Laure » et Bataille… La puissance d'un tel engagement, son feu, n'est probablement pas étrangère à une mort très précoce. Ce fut une vie brûlée, en quelque sorte.

Ces *moments* successifs, qui scandent un parcours bref mais extraordinairement riche et contrasté, sont liés à de grandes articulations, qui correspondent soit à des moments de la conjoncture historique, soit à des événements touchant sa vie personnelle. Il est loisible alors d'y découvrir une certaine cohérence.

CHAPITRE II

La pensée pour vocation

I. – Une formation d'élite

Une vocation s'est dessinée : Simone Weil sera philosophe. Elle est vouée à *comprendre* et s'interdit d'être en retard sur la pensée. C'est dans de telles dispositions d'esprit que la jeune bachelière de 16 ans se prépare à entrer dans la khâgne très fameuse du lycée Henri-IV.

Simone Weil appartient à cette génération de 1905, comme l'appelle Jean-François Sirinelli[1], qui mit en avant ces deux grandes institutions que sont les khâgnes et l'École normale supérieure (ENS), fournisseuses des élites de la nation, et eut à affronter un monde qui se mettait en place, effréné et violent. Cette jeunesse fut adulte quand le siècle plongea dans les horreurs des totalitarismes.

Quel était donc l'état de l'enseignement supérieur en 1925 (année où Simone Weil entra en première supérieure au lycée Henri-IV) en ce qui concerne les conditions d'accès des jeunes filles à cet enseignement ? C'est à l'automne 1924[2] que, pour la première fois,

1. On a ici beaucoup emprunté à l'ouvrage majeur de J.-F. Sirinelli, *Génération intellectuelle. Khâgneux et normaliens dans l'entre-deux-guerres*, Paris, Fayard, 1988.
2. Le décret de Léon Bérard sur l'uniformisation des enseignements secondaires masculin et féminin date du 25 mars 1924. Il permit l'entrée des jeunes filles en khâgne. Mais elles n'ont toujours pas le droit à

quelques jeunes filles entrent en khâgne à Henri-IV, ainsi qu'à Marseille et à Poitiers. Trois ans plus tard, trois d'entre elles sont reçues au concours littéraire de l'ENS ; une seule en 1928 : Simone Weil. Ainsi, cette dernière compte parmi les toutes premières jeunes filles autorisées à entrer en khâgne et à intégrer la Rue d'Ulm, cette forteresse masculine.

Simone Weil n'intègre donc l'ENS qu'en 1928, une année après ses amies Simone Pétrement (sa future biographe), Clémence Ramnoux et Suzette Molino (qui épousa le normalien Louis Roubaud, père de l'oulipien Jacques Roubaud). Les années précédentes voient l'entrée à Normale d'admirables « cuvées » de ces jeunes esprits qui se sont heurtés aux conditions extrêmes causées par l'approche de la Seconde Guerre mondiale et qui, souvent, ont fait preuve des valeurs les plus rares et les plus hautes. Entre 1924 et 1926 apparaissent les noms de Raymond Aron, Georges Canguilhem, Paul Nizan, Maurice Merleau-Ponty, Henri-Irénée Marrou ou encore celui du philosophe des sciences et métaphysicien Albert Lautman ; et parmi les mathématiciens (fort nombreux), ceux de Jean Dieudonné, Charles Ehresmann, Claude Chevalley… ainsi que celui d'André Weil, très précoce, et appartenant, quant à lui, à la promotion de 1922. Ce fut une « génération de machines intellectuelles turbocompressées, qui tournaient très vite », commentera Pierre Bertaux avec pittoresque, en 1985.

---

cette date d'entrer à l'École normale supérieure en tant qu'élèves. Elles ne peuvent concourir que pour des bourses de licence.

II. – Entrer en pensée comme on entre en religion

Il existait peu de maîtres à penser à cette époque. Raymond Aron raconte cela avec humour : « Pour nous inspirer d'un maître, pour le mettre à mort ou pour prolonger son œuvre, nous n'avions le choix qu'entre Léon Brunschvicg, Alain (Émile Chartier) et Bergson (ce dernier déjà retiré de l'enseignement). À la Sorbonne, Léon Brunschvicg était le mandarin des mandarins[1]. »

Face à lui, et en opposition presque constante, quant à la manière d'enseigner, quant aux programmes, quant à la pédagogie, Alain, professeur remarquable, à la fois penseur et virtuose, selon l'alliance de termes – aussi étrange qu'adéquate – proposée par Julien Gracq. L'influence de ce professeur prestigieux fut considérable, et cela dès le début de son enseignement. Elle s'amplifia à partir de 1909, quand il fut nommé à Henri-IV. Sa réputation était immense. Certains lui vouèrent une véritable vénération (ce dont d'ailleurs Simone Weil s'irritait). Les jeunes khâgneux se trouvaient face à un « éveilleur » et formaient une cohorte de disciples qui répandaient ce qu'ils appelaient « la doctrine ». Alain était pour eux « l'homme » (c'était le mot d'Alain lui-même quand il évoquait son maître, Lagneau). Les directives de vie que ce grand moraliste énonçait devant son auditoire estudiantin devenaient en quelque sorte des mots d'ordre qui pénétraient jusqu'au cœur une jeunesse prompte à s'enflammer (telle cette injonction de « sauver son âme », comprise comme ce pouvoir de juger et de vouloir, qui est l'âme de chacun et l'esprit de tous).

1. Voir R. Aron, *Mémoires*, Paris, Julliard, 1983, p. 38.

Simone Weil ne fut pas la moins ardente de ces disciples. Ferdinand Alquié, qui avait préparé l'agrégation en même temps qu'elle et avait été reçu la même année, énonça de façon lapidaire la force d'imprégnation de la doctrine de ce professeur hors pair sur ces jeunes esprits qui buvaient ses paroles : Simone Weil fut disciple d'Alain. « Elle était donc rationaliste, dualiste, antimystique, kantienne[1]. » Jeanne Alexandre, de son côté, insista sur le versant insolent et rebelle qu'entraînait cet attachement inconditionnel : « Elle avait besoin du regard du juge et refusait jusqu'aux dernières limites les autres enseignements : défi permanent à l'administration et à presque tous les autres professeurs que la comparaison avec Alain lui avait fait précipiter au néant[2]. » Une fois entrée à l'École, elle entraînait encore la troupe de ses amis vers le lycée Henri-IV pour continuer à jouir de cet enseignement. De son côté, Alain jugea sa jeune élève (elle n'avait que seize ans) « supérieure à ceux de sa génération, mais très supérieure ». « J'ai lu d'elle, continuait-il dans son article de *La Table ronde* d'avril 1950, des commentaires de Spinoza qui dépassaient tout. » Ce qui ne l'empêchait pas de se moquer gentiment d'elle, l'appelant « la Martienne » à cause des grosses lunettes qui dévoraient son visage fin. Il y avait en elle quelque chose d'étrange, un comportement non commun que tous ceux qui la connurent à ce moment-là ont souligné. Et là où elle passait, les équilibres – souvent fallacieux – se rompaient. Elle causait de l'inquiétude… Elle avait congédié en elle la condition féminine, toute grâce immédiate,

1. Voir *Cahiers Simone Weil*, désormais *CSW*, t. XXIV, n° 1, mars 2001, p. 3.
2. Voir « Rencontre de Simone Weil et d'Alain », in G. Kahn (dir.), *Alain, philosophe de la culture et théoricien de la démocratie*, Paris, Association des amis d'Alain, 1976, p. 183.

toute flatterie. Elle souffrit de ne pas être homme, sachant trop bien que sa voix peinerait à atteindre son public. Elle adopta une mise qui faisait d'elle un personnage à l'allure androgyne et mit en avant un courage qu'on pourrait qualifier de « viril ».

Alain lui apprit à conjuguer deux types d'efforts et deux types de travaux : l'exercice du pur entendement, avec la géométrie, mère de la mathématique, et l'exercice de la pensée confrontée à la nature nue, le réel ne s'atteignant qu'à la jonction du conçu et de l'éprouvé. Cette loi du travail, qui est aussi la loi d'une « secondarisation » – on ne conçoit que médiatement –, Simone Weil ne l'oublia jamais. À quoi il convient d'ajouter cette leçon que la suprême valeur réside dans l'individu et non dans la collectivité, car la foule ne pense pas. Cette idée de l'oppression de l'individu par la collectivité ne cessa de la hanter, non sans finir par susciter des difficultés ou même des apories dans sa pensée.

Cependant, elle ne retint pas tout de l'enseignement de son maître, ainsi qu'elle le dit à son ami Gilbert Kahn au cours d'une conversation au printemps 1941 : « Il y a une part de sa pensée que j'ai assimilée au point de ne pouvoir la distinguer de ma propre pensée, et une autre que j'ai rejetée[1]. »

III. – Une forme d'endoctrinement

Sur le plan politique, l'influence d'Alain fut d'une énorme portée, et cette influence fut néfaste. On sait

1. On trouve ce propos pour la première fois dans le texte de présentation du colloque de Cerisy, « Vigueur d'Alain, rigueur de Simone Weil » (21 juillet – 1er août 1974). Il fut repris dans G. Kahn (dir.), *Alain, philosophe de la culture et théoricien de la démocratie*, *op. cit.*, p. 12.

que le monde des disciples d'Alain, orchestré par Michel Alexandre, constituait un microcosme tout entier imprégné de la pensée du maître. Qu'il suffise de citer une page de Raymond Aron, datant de janvier 1929 : « À l'École normale, s'agite furieusement – corps et âme – un groupe de jeunes hommes, robustes et sains, heureux d'appliquer, sur les champs de sports et dans les universités populaires, dans le travail du labour et par des pétitions politiques, les conseils du Maître. On les appelle "les disciples d'Alain", l'administration et certains élèves avec terreur, d'autres avec amitié, parfois même avec respect[1]. »

Cette influence d'Alain s'exerçait par trois canaux : d'une part au moyen de la revue des *Libres Propos* qui fut, en sa nouvelle série (depuis mars 1927), un vecteur des idées du groupe des chartiéristes militants, ces derniers étant invités à écrire dans la revue, ce que Simone Weil ne manqua pas de faire ; d'autre part sur les terrains d'action que constituaient le Groupe d'éducation sociale et la Ligue des droits de l'homme ; enfin, et surtout, par le biais du combat pacifiste, un pacifisme extrême dont Simone Weil se repentit amèrement et qui – on le sait – conduisit certains à adopter une position collaborationniste désastreuse à l'approche de la guerre.

Raymond Aron, longtemps attaché à la personne et à l'enseignement d'Alain, s'écarta de lui vers 1932-1933 et prononça des mots sévères à son endroit, tels ceux-ci : « Le citoyen contre les pouvoirs s'arroge immédiatement l'irresponsabilité. » Ou encore : « La révolte glissait vers un antimilitarisme que la philosophie d'Alain transfigurait. Cet antimilitarisme

1. Voir J.-F. Sirinelli, *Génération intellectuelle. Khâgneux et normaliens dans l'entre-deux-guerres*, *op. cit.*, p. 494.

contribua de quelque manière à la démoralisation de l'armée[1]. »

Le Groupe d'éducation sociale naquit de la rencontre des étudiants avec Lucien Cancouët, camarade de guerre d'Alain et syndicaliste cheminot. C'était une façon de ressusciter les universités populaires qui avaient connu un succès certain à la fin du XIXe siècle mais avaient perdu leur élan premier. « Il fallait recommencer sur une base modeste, en greffant l'école populaire sur une entreprise matériellement utile. » D'où ces conférences populaires destinées à la préparation d'un concours ou à la culture de l'esprit et du libre examen[2]. Simone Weil s'y engagea avec certains de ses condisciples, et même son frère André, à partir de 1927. L'aventure dura quatre années, jusqu'en 1930-1931. Puis chacun retourna au destin « normal » que leur dictait leur formation d'intellectuels : René Château et Jacques Ganuchaud furent professeurs de philosophie dans des lycées, André Weil poursuivit son ascension fulgurante de mathématicien, Guillaume Guindey s'engagea dans une carrière d'inspecteur des finances qui fut des plus brillantes. Les mêmes étaient abonnés à la revue des *Libres Propos* ou y donnèrent des articles ; les mêmes encore souscrivirent à la Ligue des droits de l'homme et au journal pacifiste *La Volonté de paix*. Pour Simone Weil, « toujours courant devant », selon les mots d'Alain, ce furent là les préambules d'un intense engagement politique dans le monde du syndicalisme.

1. R. Aron, *Mémoires*, *op. cit.*, p. 43 (avec une allusion évidente à l'ouvrage d'Alain : *Le Citoyen contre les pouvoirs*, Paris, S. Kra, 1926) et p. 58.
2. S. Pétrement, *La Vie de Simone Weil*, Paris, Fayard, 1973, t. I, p. 117.

CHAPITRE III

Défendre « ceux d'en bas »

I. – Un militantisme agressif

La politique intéressa Simone Weil très tôt : douée d'une capacité d'empathie peu commune, elle voyait l'injustice et en souffrait. Dès l'adolescence, elle lia son sort aux exclus de la société qu'elle appelait « ceux d'en bas », ce qu'elle confia à Bernanos en 1938 dans la lettre fameuse et unique qu'elle lui écrivit à propos des *Grands Cimetières sous la lune* : « Depuis l'enfance, mes sympathies se sont tournées vers les groupements qui se réclamaient des couches méprisées de la hiérarchie sociale [...][1]. »

De cette faculté de fraterniser avec les ouvriers, elle s'étonna elle-même, comme elle en fit la confidence dans une lettre de février 1933 à Louis Bouët, de la Fédération unitaire de l'enseignement, responsable de l'administration et de la rédaction de *L'École émancipée* : « Pour ce qui est de moi-même, je ne m'explique pas comment il se fait qu'élevée dans un milieu petit-bourgeois et patriote, j'aie été attirée dès l'enfance vers les ouvriers et aie toujours goûté les joies les plus vives à être dans les quartiers ouvriers, les foules ouvrières, etc.[2]. »

1. *Œ*, p. 405.
2. In « Lettres de Simone Weil à Louis Bouët », introduction de L. le Bars, in *CSW*, t. XXXII, n° 4, décembre 2009, p. 439.

Sitôt nommée professeur au Puy, Simone Weil s'engagea avec âpreté dans les combats syndicaux, s'attachant aux positions du syndicalisme révolutionnaire, qui intégrait à la fois l'apport du marxisme et celui de l'anarchisme (dans sa version proudhonienne). Avant de s'y rendre, elle avait pris contact, grâce aux Alexandre, avec Monatte, qui l'adressa aux militants de *La Révolution prolétarienne* dans la région stéphanoise et, en particulier, à Urbain Thévenon. C'est avec enthousiasme qu'elle milita dans les rangs de ce petit groupe. Elle collabora régulièrement à cette revue fondée par ses amis, militants syndicalistes révolutionnaires. Ses articles, fortement construits et riches de substance, parfois même prophétiques, attirèrent bientôt l'attention du monde syndical et de leurs dirigeants. Pendant les années 1931-1932, elle donna des cours à la Bourse du travail de Saint-Étienne[1], poursuivant par là même son expérience estudiantine du Groupe d'éducation sociale. Ses mots d'ordre, qui reprennent les thèmes fondamentaux du syndicalisme révolutionnaire, étaient l'auto-émancipation de la classe ouvrière et un anti-intellectualisme refusant la mainmise des intellectuels sur un mouvement ouvrier. Elle eut à cœur de protéger le particularisme ouvrier selon l'éthique de Fernand Pelloutier, ce militant syndicaliste de la

1. « Services de mutualité, d'enseignement et de propagande [(...) les Bourses du travail] tentent d'organiser localement la recherche du travail et le contrôle de l'embauche. [...] Elles ont aussi un rôle éducateur et une fonction culturelle. » In M. Leymarie, *De la Belle Époque à la Grande Guerre, 1893-1918. Le triomphe de la République* (série *La France contemporaine*, dirigée par J.-F. Sirinelli), Paris, Librairie générale française, « Le livre de poche », 1999, p. 67. Simone Weil donna aux mineurs des cours de français, de marxisme et probablement même des rudiments de mathématiques. Du Puy à Saint-Étienne, il fallait compter trois heures de train. Simone Weil s'y épuisa.

fin du siècle précédent qui rêvait « d'une société d'hommes fiers et libres ». Elle demeura, sa vie durant, fidèle à cette vision du monde ouvrier[1].

II. – Entre communisme et antistalinisme

Si elle ne varia pas dans l'admiration qu'elle voua jusqu'à sa mort à Marx, pour l'apport indestructible de sa méthode, à savoir la mise en lumière d'une mécanique des rapports sociaux, étudiant, « comme le physicien dans la matière, les rapports de force » et, plus particulièrement, le mécanisme de l'oppression capitaliste, elle fut immédiatement sensible aux contradictions qui gisaient dans la doctrine entre la méthode d'analyse – où elle voyait une « idée de génie » – et les espérances révolutionnaires proclamées. Cette analyse n'a pas varié chez elle, qu'il s'agisse des innombrables textes de sa période militante, du « Grand Œuvre » que sont les *Réflexions sur les causes de la liberté et de l'oppression sociale* (1934), du texte « Sur les contradictions du marxisme » (1937) ou du long essai interrompu, composé à Londres en 1943 et où, à la lumière de ses avancées spirituelles, elle reprend une ultime fois sa critique.

Fut-elle communiste ? Oui, si l'on entend ce terme dans son sens large. Mais elle n'adhéra jamais au Parti, même si elle en eut un instant la tentation. Communiste donc, mais versant presque immédiatement dans l'opposition, à l'instar de Boris Souvarine, dont elle se sentait très proche et qui, de son côté, la tenait en

1. Pour ces considérations, nous avons pris appui sur l'article remarquable et très complet de P. Rolland, « Simone Weil et le syndicalisme révolutionnaire », in C. Jacquier (dir.), *Simone Weil. L'expérience de la vie et le travail de la pensée*, Arles, Sulliver, 1998, p. 69-101.

haute estime. Elle était convaincue, à l'instar de son mentor, que l'Internationale communiste avait définitivement fait faillite et que l'URSS n'était plus un État ouvrier. « Il faut construire un nouveau parti révolutionnaire », écrit-elle. Boris Souvarine donna, en 1967, dans un numéro de sa revue, *Le Contrat social*, sa propre lecture de l'influence du communisme sur la pensée de la jeune femme. Selon lui, elle est devenue communiste « à l'époque où le parti communiste avait déjà cessé de l'être ». Elle fut donc, continue-t-il, « intelligemment marxiste et communiste, c'est-à-dire critique et révisionniste [...] juste le temps de mûrir très vite et d'approfondir ses idées puis de les dépasser tant par l'étude et la réflexion qu'à la lumière de l'expérience allemande d'alors[1] ».

Attachée au « savoir direct » (ainsi s'exprime Alain à son sujet), elle décide d'aller en Allemagne, c'est-à-dire là où le communisme est le plus avancé, pour juger sur pièce de l'état du rapport de force qui se jouait entre la social-démocratie, le Parti communiste et le parti grandissant de Hitler. Elle y passe près de deux mois et fait une lecture prémonitoire de la situation. Ses « Impressions d'Allemagne », parues dans *La Révolution prolétarienne* en octobre 1932, impressionnèrent fortement Boris Souvarine par la « pénétration de l'analyse unie à la puissance de synthèse » (ce sont ses mots) qu'il y décela. Quand Hitler gagne, au début de février 1933, elle s'exclame dans une lettre à Louis Bouët, responsable de l'hebdomadaire de *L'École émancipée*, organe de la Fédération unitaire de l'enseignement : « Ça y est. Hitler est là.

1. Voir la présentation de C. Jacquier, « Lettres de Simone Weil à Boris Souvarine », in *Simone Weil. L'expérience de la vie et le travail de la pensée*, *op. cit.*, p. 31.

J'avais beau l'avoir prévu, je ne puis me faire à cette idée. Ni me débarrasser du sentiment (déraisonnable, je sais bien) que je déserte en me trouvant ici, au lieu d'être là où auront lieu les vraies batailles[1]. »

Un rêve s'est brisé. Ce fut chez elle une succession haletante de prises de parti et de reculs ; elle s'attachait avec fougue à un mouvement ou une personne, puis se retirait si les actes ne correspondaient pas à ses attentes. Trajet fulgurant. Elle prit tout le monde de vitesse. Son ami Claude Jamet, normalien de la même promotion, perça à jour sa personnalité d'exception et nota dans son journal : « Rien de bas ni de médiocre en elle. Et c'est ce qui fait sa force : une bonté enragée. » Et d'aligner les « paris successifs » et les « mouvements si divers » qu'elle traversa : « chartiériste, communiste, trotskiste, anarchiste, bergeryste, que sais-je[2] ? ».

Mais en 1933, la vague qui l'a fait monter si haut se fracasse. « J'étouffe dans ce milieu révolutionnaire aux yeux bandés[3] », s'exclame-t-elle, la même année, dans une lettre à Urbain Thévenon (le mari de cette Albertine qui fut pour elle une amie très proche et même une confidente). Elle critique ouvertement les « vieux dogmes » qui ont fait faillite. Son grand article, « Perspectives. Allons-nous vers la révolution prolétarienne ? », publié dans la revue du même nom le 25 août 1933, signe un constat d'échec et jeta la consternation chez les militants. Bien qu'elle ait atténué la brutalité des conclusions d'une version de premier jet, l'état des lieux qu'elle dresse est des plus rudes. Elle écrivit à Louis Bouët quelques mois plus tôt,

1. Voir *CSW*, t. XXXII, n° 4, décembre 2009, p. 436.
2. *CSW*, t. V, n° 1, mars 1982, p. 3.
3. Voir P. Rolland, « Simone Weil et le syndicalisme révolutionnaire », art. cité, p. 76.

en janvier 1933 : « Je ne peux pas déguiser ou même adoucir des jugements qui me paraissent suffisamment fondés. Quand je le voudrais, c'est plus fort que moi : ma plume s'y refuse[1]. »

De fait, dans ce texte travaillé, Simone Weil a trouvé la première manière de son style : l'expression est probe, se refusant à tout mouvement d'éloquence, mais lourde, avec des arguments égrenés impitoyablement ; l'avancée du discours est sans pitié, pourrions-nous dire. Elle usera du même ton dans les *Réflexions sur les causes de la liberté et de l'oppression sociale* qui se concluent sur une vision encore plus sombre de l'avenir : « Dans l'ensemble, la situation où nous sommes est assez semblable à celle de voyageurs tout à fait ignorants qui se trouveraient dans une automobile lancée à toute vitesse et sans conducteur à travers un pays accidenté. »

Qu'à cela ne tienne ! Puisque la partie jouée est un échec, il faut tout reprendre à zéro. Dans l'article de *La Révolution prolétarienne*, elle énonce un programme – gigantesque – destiné à repenser le statut de l'individu face à la collectivité :

> Nous voulons faire des hommes complets en supprimant cette spécialisation qui nous mutile tous. Nous voulons donner au travail manuel la dignité à laquelle il a droit, en donnant à l'ouvrier la pleine intelligence de la technique au lieu d'un simple dressage ; et donner à l'intelligence son objet propre, en la mettant au contact avec le monde par le moyen du travail.

Un tel programme mûrit en elle. Elle a « décidé de [se] retirer entièrement de toute espèce de politique, sauf pour la recherche théorique[2] », indique-t-elle à

1. « Lettres de Simone Weil à Louis Bouët », *op. cit.*, p. 426.
2. Voir S. Pétrement, *La Vie de Simone Weil*, *op. cit.*, t. I, p. 401.

son amie Simone Pétrement au mois de mars 1934, ajoutant : « Cela n'exclut pas absolument pour moi la participation éventuelle à un grand mouvement spontané des masses (dans le rang, en soldat). » Ce qu'elle ne manqua pas de faire en s'introduisant en 1936, lors des grandes grèves, dans des usines occupées et en publiant avec une satisfaction non dissimulée dans le numéro du 10 juin de *La Révolution prolétarienne* un article, « La vie et la grève des ouvrières métallos », où elle laisse exploser sa joie au grand dam – pense-t-on – d'un ingénieur, Victor Bernard, directeur des fonderies de Rosières, près de Bourges, avec qui elle échangea pendant quelques mois, de janvier à juin 1936, une correspondance drue sur ce ton de franchise brutale dont elle ne pouvait se départir.

Quelque deux mois après avoir fait part à Simone Pétrement de sa décision de se retirer de la politique, Simone Weil réitéra son propos, presque dans les mêmes termes, dans une lettre à une ancienne élève du Puy. Elle y inclut toutefois une exception : son combat contre le colonialisme qui tient une place prépondérante dans sa pensée. Elle multiplia en effet articles et projets d'articles à partir de 1937[1] en faveur des victimes de l'oppression, de l'exploitation et des répressions souvent féroces auxquelles les populations furent soumises, que celles-ci fussent indochinoises, marocaines, tunisiennes, ou qu'il s'agisse de membres de L'Étoile nord-africaine, groupement fondé par Messali Hadj, dont elle soutenait les idées et qu'elle défendit avec courage et vigueur. Non point qu'elle

1. Et jusqu'en 1943. Dans *L'Enracinement*, en effet, Simone Weil a rapproché explicitement l'hitlérisme et les méthodes de la conquête et de la domination coloniales. Voir V. Gérard, « Simone Weil, *L'Enracinement*, décolonisation », in numéro spécial de la revue *Esprit*, *Simone Weil, notre contemporaine*, août-septembre 2012, p. 52-68.

encourageât des mouvements de révolte dans les colonies, car elle préconisait une émancipation progressive des populations, redoutant qu'elles ne tombent « dans un nationalisme forcené – à son tour impérialiste et conquérant –, dans une industrialisation à outrance fondée sur la misère indéfiniment prolongée des masses populaires, dans un militarisme aigu, dans une étatisation de toute la vie sociale analogue à celle des pays totalitaires[1] ». Une telle lucidité dans l'analyse, qu'on peut qualifier de visionnaire, ne manque pas d'impressionner, tant sont nombreux les exemples contemporains qui viennent corroborer dans toute leur cruauté ces sinistres prévisions.

Le 20 juin 1934, elle rédige une demande de congé « pour études personnelles », alléguant une préparation de thèse : « une thèse de philosophie concernant le rapport de la technique moderne, base de la grande industrie, avec les aspects essentiels de notre civilisation, c'est-à-dire d'une part notre organisation sociale, d'autre part notre culture ». Son vœu – on le voit – est de faire toute la lumière sur la condition humaine en partant du point de vue du plus humble représentant de la famille humaine, du sacrifié et de l'humilié, à savoir l'ouvrier en usine. Elle rédige dans la foulée son « Grand Œuvre » ou « testament » (déjà !), un immense essai non publié de son vivant, les *Réflexions sur les causes de la liberté et de l'oppression sociale* (où elle développe précisément ce programme présenté en conclusion de son article de *La Révolution prolétarienne*, cité *supra* p. 21), qu'elle destine à Souvarine pour *La Critique sociale*. C'est pour cet homme, qu'elle jugeait supérieur à elle et d'une intelligence plus rapide,

1. Voir « Les nouvelles données du problème colonial dans l'empire français », *Essais et combats*, n° 2/3, décembre 1938.

qu'elle jeta dans la balance le meilleur de ses forces. L'article, qui fut attendu plusieurs mois et qui avait pris les dimensions que l'on sait (un manuscrit de 120 pages), ne put paraître, la publication de la revue ayant été suspendue faute de soutien financier.

Enfin, elle entre en usine, le 4 décembre 1934, non pas pour tester la condition de la population des bas-fonds comme le firent George Orwell ou Jack London, mais pour mettre à nu les conditions mêmes de l'accès au savoir, menant la recherche sur elle-même prise comme cobaye, et pour expérimenter la réalité d'un esclavage dont elle dira plus tard, dans le texte de « L'amour de Dieu et le malheur », en usant d'autres mots, qu'il est la « pulvérisation de l'âme par la brutalité mécanique des circonstances ».

On a parlé à son sujet de « dolorisme ». Il y eut probablement chez elle, au-delà d'une exceptionnelle capacité de compassion, une sorte de complaisance dans ce sens. Mais, plus profondément, elle avait pressenti que la souffrance et le malheur qui s'attachaient alors au monde du travail offraient un accès privilégié à la vérité de la condition humaine et même à sa beauté. Elle avait épousé le malheur.

III. – De la nécessité d'une méthode

Cette recherche d'une organisation sociale plus humaine par la voie d'une révolution (une « révolution prolétarienne » – mais on a vu qu'elle avait dit adieu à cette visée utopique) ne se distingue guère d'un projet de conduite méthodique de la pensée qui, seule, peut déboucher sur une action qui le soit également. Deux des lignes directrices que nous avons énoncées en tête de notre propos, à savoir l'éminente dignité de tout homme et la nécessité de forger et d'appliquer une méthode, sont ici en étroite connexion. Il ne s'agit plus tant ici d'une superposition de deux plans que d'une unique pensée qui se dédouble. La visée politique *englobe* les questions de méthode ainsi que tout le champ de la science. L'épistémologie a partie liée avec l'éthique et le politique.

« La révolution doit être une révolution intellectuelle autant que sociale », écrit-elle en 1933 dans son compte rendu du livre de Lénine, *Matérialisme et empiriocriticisme*. L'allègement de l'esclavage ouvrier requiert, en effet, qu'on soustraie les travailleurs à l'empirisme, c'est-à-dire qu'on les délivre du voile de l'ignorance. Il faut leur inculquer les fondements de leur métier et, à cette fin, leur enseigner les rudiments de la première et la plus ancienne des sciences : la mathématique. Il n'y a là rien que de cohérent. À ce moment de son parcours, cette volonté s'inscrit durablement dans les projets de Simone Weil concernant la question sociale. On en a pour preuve le travail considérable qu'elle fournit lors de sa première année à la Rue d'Ulm, où elle met à sac les *Leçons de géométrie élémentaire* de Jacques Hadamard, ouvrage que lui avait prêté son ami Camille Marcoux. On ne s'étonnera pas non plus qu'elle ait consacré son mémoire de diplôme d'études supérieures, « Science et perception dans Descartes », au philosophe qu'elle plaçait alors au-dessus de Marx et de Platon. Descartes n'affirmait-il pas sans cesse l'existence d'une « sagesse commune » et ne prônait-il pas l'égalité des esprits ? N'avait-il pas songé à fonder une sorte d'université ouvrière[1] ?

1. Dans le compte rendu de l'ouvrage de Lénine cité plus haut, Simone Weil confirme que « Descartes avait formé le projet d'une école des arts et métiers où chaque artisan apprendrait à se rendre

Pour Simone Weil, il était urgent de transmettre les fondements du savoir, et donc de la culture, à ceux qui, par définition, en étaient exclus. Cependant, cette « éducation ouvrière » ne pouvait se faire que par le truchement d'une vulgarisation de l'histoire des sciences comme elle l'entendait – et cette question était devenue l'une de ses préoccupations dominantes. Selon elle, cette discipline doit reposer sur l'acquisition progressive et toujours évidente de l'avancée des sciences depuis leur origine, comme le préconisait Descartes. « L'homme a besoin de la science, écrit-elle dans son mémoire cartésien, pourvu qu'au lieu d'imposer ses preuves elle soit enseignée de la manière que Descartes nommait analytique, c'est-à-dire de sorte que chaque écolier, suivant le même ordre que s'il inventait lui-même *méthodiquement*[1], puisse être dit moins recevoir l'instruction que s'instruire lui-même. » Ce que Simone Weil recherchait alors de toute son âme, c'était qu'il fût possible d'établir « un passage insensible, sans fossé à franchir, entre l'homme du commun et le savant ». Et cela pour répondre à l'idée marxiste, qui revient comme un *leitmotiv* chez elle dans les textes de l'époque, de la nécessité de « l'abolition de la division dégradante du travail en travail intellectuel et travail manuel ».

L'homme est asservi à ce qu'il ne peut penser : tel est le principe sous-jacent à cet effort considérable qu'elle déploya, à la fois pour maîtriser ce savoir mathématique de base, qu'elle acquit durement, et pour en distribuer les bienfaits autour d'elle. On retiendra à ce

---

pleinement compte des fondements théoriques de son propre métier ; il se montrait ainsi plus socialiste, sur le terrain de la culture, que n'ont été tous les disciples de Marx » (*Œuvres complètes*, désormais : *OC*, t. I, vol. 1, p. 309).

1. Nous soulignons.

sujet une formule acérée, extraite de la correspondance fiévreuse qu'elle entretint avec ce directeur d'usine évoqué plus haut, entre janvier et juin 1936 : « Ce qui abaisse l'intelligence dégrade tout l'homme. »

CHAPITRE IV

Lent passage vers le transcendant

I. – Méditation sur le malheur

Après un solide « formatage » dispensé par l'éducation que la France réservait à ses élites et que Simone Weil partagea avec nombre d'intellectuels de sa génération, il n'était pas facile de sortir de ces cadres de pensée quasiment imposés. On va tenter ici de suivre les étapes de ce processus qui s'effectua lentement.

Lors des grèves de juin 1936, Simone Weil n'avait pas caché les « sentiments de joie et de délivrance indicibles » qu'elle avait ressentis à voir enfin ses « camarades » relever une bonne fois la tête. Mais elle assura à Auguste Detœuf, grand patron, fondateur d'Alsthom, qui lui avait facilité l'entrée dans la vie ouvrière, que cette exaltation prenait appui sur une note de pessimisme profond. Elle usa même du mot « désespoir ». Elle savait trop bien que de pareils moments ne demeurent pas et que le cours de la vie quotidienne, soumis à la contrainte et à l'obéissance, reprend comme avant. Le couvercle de l'oppression a été un temps soulevé mais retombe aussitôt. Le « sentiment d'une impuissance irrémédiable » noie l'élan.

Le mot « malheur », « mot admirable, sans équivalent dans d'autres langues », est entré une fois pour toutes dans le vocabulaire de Simone Weil ; s'y conjuguent le froid, l'indifférence, l'anonymat (« ils ne croiront jamais plus qu'ils sont quelqu'un », écrit-elle dans « L'amour de Dieu et le malheur »). Ce sont les marques de l'esclavage. C'est à partir de cette expérience du malheur de la classe ouvrière, « entré dans sa chair et dans son âme », que commença à s'effectuer en elle une lente approche du religieux, qui la fit passer d'un athéisme confortable et indiscuté à la foi au Christ.

Dans l'« Autobiographie spirituelle » destinée au père Perrin, elle évoqua les étapes de ce passage. Des trois étapes qu'elle décrivit, retenons la première qui eut lieu dans un village de bord de mer au Portugal, durant l'été qui suivit sa sortie de l'usine. Se trouvant elle-même dans un état physique misérable (l'expérience en usine avait « tué [sa] jeunesse »), elle fut saisie par l'indicible misère d'un groupe de femmes de pêcheurs chantant des cantiques « d'une tristesse déchirante » : « Là j'ai eu soudain la certitude que le christianisme est par excellence la religion des esclaves, que des esclaves ne peuvent pas ne pas y adhérer, et moi parmi les autres. »

Il y eut Assise en 1937, puis Solesmes en 1938, où elle séjourna avec sa mère pour suivre les offices de la Semaine sainte. Mais la rencontre décisive eut lieu quelques mois plus tard, vraisemblablement au mois de novembre. Ce fut son « chemin de Damas ». Se récitant, comme elle aimait à le faire, un poème de George Herbert (un jeune Anglais lui avait révélé l'existence des poètes métaphysiques du XVIIe siècle) intitulé « Love » (« I, the unkind, ungrateful [...]/ Love took my hand and smiling did reply :/ Who made the eyes but I[1] ? »), elle eut le sentiment d'un rapt. « Le Christ lui-même est descendu et m'a prise »,

---

1. « Moi, le sans-cœur, l'ingrat ? [...]/ Amour me prit la main et en souriant me répondit :/ Qui a fait ces yeux sinon moi ? »

écrivit-elle[1]. C'était traduire au plus près l'expression dont saint Paul s'est servi dans l'épître aux Philippiens : *katelêmphthên hupo Christou.*

Parallèlement, il arrive que l'âme, en des instants exceptionnels, s'élance vers les immensités du ciel supérieur, comme on le voit chez Platon (et aussi Philon d'Alexandrie) dans la *République*, le *Phèdre* ou le *Théétète.* Simone Weil – toujours dans cette même lettre autobiographique – transposa ces expériences antiques : « L'espace s'ouvre. L'infinité de l'espace ordinaire de la perception est remplacée par une infinité à la deuxième ou quelquefois troisième puissance. En même temps cette infinité d'infinité s'emplit de part en part de silence, un silence qui n'est pas une absence de son, qui est l'objet d'une sensation positive, plus positive que celle d'un son[2]. » Les liens de Simone Weil avec la pensée antique dont elle se sent l'héritière sont ici manifestes. Dieu personnel / Dieu impersonnel, Simone Weil ne cessera plus de méditer ce double thème qu'elle unit et disjoint en même temps.

Cette révélation, à savoir qu'un Dieu aime – peut-être – sa créature[3], constituait une absolue nouveauté, laquelle introduisit dans son destin un avant et un après. Elle avait été précédée par un temps de latence. La lecture, à la fin de 1937 ou au début de 1938, de l'esquisse de thèse de son amie Simone Pétrement,

---

1. *Œ*, p. 771.
2. *Œ*, p. 773.
3. C'est sur une pensée similaire qu'elle conclut le poème en prose intitulé « Prologue », qui ferme le *Cahier XI*, dernier de la série de *Cahiers* qu'elle confia à Gustave Thibon quelques jours avant de quitter la France. Une même veine poétique et mystique traverse le poème d'Herbert et celui de Simone Weil. Voir à ce sujet *infra*, p. 75-76, le contexte qui incita Simone Weil à se livrer à de telles confidences.

intitulée *L'Idée séparée. Introduction à l'étude du dualisme*[1], eut sur elle une influence profonde et servit à balayer bien des objections. Simone Weil accorda une attention particulière aux pages touchant les nouveaux cultes mystériques et les représentations données, dit-on, à Éleusis : « Il s'agit de révéler aux hommes le secret de leur condition [...] malgré tous les excès auxquels ces religions ont donné cours [...] leur esprit était pur : elles ne sont déjà plus païennes. » Encore plus révélateur – pensons-nous – dut être cette assertion concernant le Christ : « Le seul moyen de passage est la croix, et ce n'est pas une conciliation, ce n'est pas un passage doux et insensible, cela ne fait pas une continuité ; c'est l'image même de la rupture et l'image la plus violente. La vraie gloire y est revêtue de son apparence la plus contraire. » On reconnaît là certains des thèmes centraux de la pensée religieuse de Simone Weil.

Suivirent d'innombrables séances de lecture en bibliothèque. Restée muette sur son « aventure » (qu'elle ne révéla qu'à deux personnes, à un jour d'intervalle, sinon le même jour : au père Perrin, comme on vient de le voir, et à Joë Bousquet, à qui elle avait rendu visite dans sa chambre de Carcassonne), sans conseils et sans soutien, Simone Weil ouvrit le chapitre – qui se révéla immense – de ses recherches et enquêtes sur les religions, interrogeant les plus anciennes dans son souci de remonter aux origines. Son *Cahier* de notes de lecture de ces années-là donne quelque idée du panorama qu'elle entend couvrir : on y découvre des extraits des *Grenouilles* d'Aristophane

1. Demeurée inédite. Une reprise de cet essai parut en 1946 chez Gallimard sous le titre *Le Dualisme dans l'histoire de la philosophie et des religions*.

consacrés aux mystères, des extraits du *Livres des morts* égyptien, de l'épopée de Gilgamesh…

C'est ainsi que, d'emblée, elle se saisit de la question religieuse dans son extension maximale, faisant appel à sa solide culture de normalienne, et selon une visée proprement encyclopédique. Elle n'en démordra pas. Et lorsqu'elle s'intéressera, à un moment ultérieur de son parcours, au domaine de la patristique, elle ne rencontrera aucune difficulté à assimiler la pensée de Justin, Clément d'Alexandrie ou Origène, tous férus de philosophie et qui ne distinguaient pas, comme nous le faisons, nature et surnature. Il leur était facile de considérer les éléments religieux du monde païen comme des parcelles d'une révélation totale par le truchement de ce qu'on appelait *logos spermatikos* ou *praeparatio evangelica*. C'était passer insensiblement du paganisme au christianisme, et Simone Weil entra dans cette intelligence-là. Le baptisé chez Clément n'était-il pas appelé un « initié » ? Elle éprouva le besoin de noter le fait dans l'un de ses *Cahiers*. La fréquence dans son œuvre de l'évocation des mystères (particulièrement ceux d'Éleusis) s'explique par là.

Cette imprégnation fut si puissante que dans son œuvre ultime, *L'Enracinement*, elle met en bonne place « la spiritualité des mystères ». Cela ne laisse pas d'étonner, car c'est accorder à ce phénomène religieux, dont on ne sait finalement pas grand-chose, une importance qu'il n'eut probablement pas[1]. Cette insistance sur le pôle mystérique de la spiritualité grecque et sa mise en parallèle constante avec les mystères

1. Ses sources sur ce sujet se résument principalement dans l'ouvrage de A. Boulanger (*Orphée. Rapports de l'orphisme et du christianisme*, Paris, Rieder, 1925) qu'on a retrouvé dans sa bibliothèque. L'ouvrage est bien fait mais les travaux récents infirment quelque peu ses thèses.

chrétiens va, dès lors, traverser son œuvre entière, permettant à Massimo Cacciari d'évoquer avec un rare bonheur le « passé éternel du christianisme dans la culture païenne[1] ».

Mais c'est dans la philosophie, la poésie et le théâtre grecs, dont elle est depuis toujours férue, qu'elle puisera l'essentiel de son sentiment religieux. Il n'est que de lire les lettres qu'elle adressa d'Italie (lors du premier séjour qu'elle y effectua du 23 avril au 16 juin 1937) à Jean Posternak[2], dont elle avait fait la connaissance un peu plus tôt dans un sanatorium de Montana, en Suisse. Ces lettres où transpire la joie la plus évidente (car elle possédait le don de la joie, dont elle fit l'assiette de ses méditations sur le malheur…) s'accompagnent de traductions du grec, avec des extraits de l'*Iliade* ou d'*Électre*, de Platon également. Les tragédies de Sophocle et d'Eschyle constituent le socle de spiritualité le plus élevé auquel elle avait eu jusqu'alors accès. Elle but avidement à cette source. Les vers de la « reconnaissance d'Électre et d'Oreste », qu'elle traduisit et retraduisit – chaque fois à neuf – plus de sept fois, constituent pour elle un sommet insurpassable. Elle avait d'ailleurs rédigé un résumé de la tragédie à l'attention des ouvriers de l'usine de Rosières, près de Bourges, où elle enseignait en 1936, jugeant que « la poésie grecque serait cent fois plus proche du peuple s'il pouvait la connaître que la littérature française et moderne ». La coloration mystique de plus en plus appuyée qu'elle donna à cet échange traduit très exactement cette modulation qui fit passer

1. Voir le chapitre consacré à Simone Weil, intitulé « Platonisme et gnose », de l'ouvrage *Drân. Méridiens de la décision dans la pensée contemporaine*, trad. M. Valensi (Paris, Éditions de l'Éclat, 1992), in F. de Lussy (dir.), *Simone Weil. Sagesse et grâce violente*, Paris, Bayard, 2009, p. 157.

2. *CSW*, t. X, n° 2, juin 1987, p. 101-138.

Simone Weil d'un agnosticisme tranquille à une inhabitation du mystère christique.

Cette autodidacte du christianisme qui s'était taillé, seule et sans confident, un passage au sein d'une forêt de contradictions, endossa dès lors la figure d'Électre, comme aussi celle d'Antigone, cachant sous ce nom, avec une pudeur naïve, l'expérience si rare dont elle avait été gratifiée. Ainsi, dans le texte des « Formes de l'amour implicite de Dieu », évoque-t-elle « celui à qui est arrivée l'aventure d'Électre »[1]. Elle en énonça la teneur philosophique et religieuse en ces termes : « une âme humaine saisit tout le poids du monde sous forme de malheur ». Et c'est aussi son portrait.

II. – Le pivot d'une œuvre et d'une vie : « Méditation sur l'obéissance et la liberté »

Ce texte bref et ramassé, écrit probablement durant l'été 1937, au retour du premier voyage italien, constitue l'un des sommets de l'œuvre de Simone Weil. Il convient d'y voir l'articulation majeure d'un parcours et d'une pensée conjuguant les domaines du politique, de l'éthique et du religieux, à la jonction de deux grands versants représentés par deux échelles de valeurs. D'un côté la doctrine de Marx qui, comme le font les physiciens, a fondé les rapports de force sur la matière – une idée de génie, selon elle. Mais cela engendre un système impitoyable où la force est tout. Le matérialisme rend compte de tout, à l'exception du surnaturel, et « on a raison d'être matérialiste si l'on ne tient pas compte du surnaturel[2] ». Mais l'oppression que Marx

1. *Œ*, p. 762.

2. Voir à ce sujet « Y a-t-il une doctrine marxiste ? » (1943) in *Oppression et liberté*, Paris, Gallimard, « Espoir », 1955, p. 232.

a si bien décrite ne peut être abolie par une révolution. L'élan est généreux mais utopique[1]. De l'autre côté, en face, une doctrine fondée sur l'exigence de bien qu'on trouve en tout homme, où le non-représentable (c'est-à-dire le contradictoire) est seulement contemplable. Il y a dans l'homme une valeur transcendante au monde. C'est se reporter à Platon, pour qui, au-delà de l'intelligence, règne la sagesse. Ce point nodal est en même temps un moment miraculeux d'équilibre (miraculeux parce que fragile), même si la conclusion de l'essai fait montre d'un lourd pessimisme : « L'ordre social, quoique nécessaire, est essentiellement mauvais, quel qu'il soit[2]. »

Il est aisé d'y repérer les quelques lignes directrices que nous avons privilégiées au début de cet ouvrage : on y trouve une critique virulente du *mensonge* (« la force sociale ne va pas sans mensonge »), l'évocation de l'impuissance irrémédiable de « ceux d'en bas », « prédestinés de toute éternité à obéir », avec le rappel des grèves de 1936 et du grand souffle qui était passé sur les masses (insérant en passant une critique du marxisme). On y lit aussi la nécessité d'une *action méthodique* pour analyser et « [...] trouver le secret de la machine ». Ici encore le malheur est corrélé à l'amour, sans qu'un accord entre les deux pôles de la contradiction soit toutefois trouvé. Le caractère tragique de la condition humaine, que Simone Weil appelle ici « la nature des choses », est fortement

1. Adieu à la révolution ne veut pas dire adieu à la révolte. Dans un article de 1938 « Sur les contradictions du marxisme », Simone Weil a parlé de « cet esprit de révolte qui, au siècle dernier, brillait d'un éclat si pur dans notre pays », et vanté « l'idéalisme élevé, l'esprit presque ascétique des groupes socialistes du début du XIXe siècle » (*Œ*, p. 363-364).
2. *Œ*, p. 494.

souligné, mais le lien qu'elle fera un peu plus tard avec le christianisme n'est pas ici évoqué sans réticences.

La progression du texte est fortement nouée : partant de la question qu'avait posée le jeune La Boétie dans son *Discours sur la servitude volontaire ou le Contr'Un*[1], Simone Weil expose d'entrée de jeu le paradoxe de ce fait fondamental qu'est « la soumission du plus grand nombre au plus petit ». Puis elle s'attache à résoudre la contradiction qui, selon elle, n'est qu'apparente : c'est parce qu'ils sont peu nombreux que ceux qui donnent des ordres dominent les masses, car « ils forment un ensemble ». L'exposition du paradoxe est immédiatement suivie de son renversement : penser et aimer, qui sont les facultés supérieures des individus, sont choses subversives et dangereuses pour l'ordre. Et de donner l'exemple des Gracques qui, ayant voulu « transporter en toute pureté dans l'action politique ce que leur inspir[ai]ent leur esprit et leur cœur, [...] ne [pouvaient] que périr égorgés, abandonnés même des leurs ».

Deux leçons sont à tirer de ces pages exemplaires. En premier lieu, l'action politique que Simone Weil a « côtoyée » – c'est le mot qu'elle emploie – pendant quelques années est, selon elle, décrédibilisée par son lien inéluctable avec la violence et par les contradictions qui s'inscrivent dans son exercice même, ne laissant place qu'à la formule du « moindre mal ». Les espoirs d'une révolution pour le peuple ont sombré. L'autre leçon est que l'homme est seul et sera toujours vaincu. Elle l'avait déjà noté dans le premier de ses *Cahiers* de notes journalières : « *Tous* les drames de Sophocle sont sous une

1. En ce temps de guerres de religion, des partisans calvinistes vont être les premiers à publier le *Discours*, dont ils font un texte militant en choisissant le titre « coup de poing » et antimonarchiste de *Contr'Un*, comme le fut d'ailleurs notre auteur.

forme quelconque le drame de la solitude... de la faiblesse de l'individu, même énergique (comme ils sont tous)[1]. » « Le Christ lui-même, écrit-elle, quand il s'est vu abandonné de tous, bafoué, méprisé, sa vie comptée pour rien, a perdu un moment le sentiment de sa mission ; que peut vouloir dire d'autre le cri : "Mon Dieu, pourquoi m'avez-vous abandonné ?" » C'est oser contrebalancer la misère de l'homme par la faiblesse d'un Dieu.

III. – La pensée et le tragique de la pensée

C'est dans un autre registre du thème de l'« emprise de la force » que Simone Weil reprend le tableau. Sa pensée se situe alors dans le prolongement des textes grecs qu'elle met décidément plus haut que tout, avec, en arrière-plan, son expérience de la guerre d'Espagne. Le texte qu'elle écrit pour la *NRF* sur l'*Iliade* en 1939 (« L'*Iliade* ou le poème de la force ») est né du souvenir brûlant de « cette atmosphère imprégnée de sang » où baignaient certains « avec un visible plaisir », et qu'elle sut si fortement communiquer à Bernanos dans sa grande lettre, déjà citée, consacrée aux *Grands Cimetières sous la lune*.

On passe ici de l'analyse politique de la force oppressive aux fondamentaux (on aimerait dire « métaphysiques ») d'une anthropologie reposant sur un « mixte » de souffrances, de doutes et d'aspirations, c'est-à-dire impliquant conscience *et* sensibilité. L'homme est soumis inéluctablement aux aléas d'un destin. On peut dès lors parler, en empruntant à Verdi, de *la forza del destino*. Le vocabulaire subit une mutation : il est question du malheur, certes, mais la formule « misère humaine » lui est

1. *OC*, t. VI, vol. 1, p. 102.

préférée, moins brutale et moins « crucifiante ». Une conception douloureuse de l'existence humaine garde un sens « *par rapport à* la félicité qui est le partage naturel de l'âme ». C'est ainsi qu'elle s'exprime dans les lettres à son frère maintenu captif à Rouen[1]. Mais en 1942, dans un grand texte destiné au *Génie d'Oc*, « En quoi consiste l'inspiration occitanienne », elle évoquera « la douleur poignante, la douleur inconsolable de la créature finie »[2].

Elle repensait par là les bases mêmes de la philosophie en posant un nouveau regard sur la condition humaine, ressentie sous les espèces de l'exil et d'une distance entre ce que l'on est et ce vers quoi l'on tend.

On trouve donc chez Simone Weil « la pensée et le tragique de la pensée », à l'instar de Pascal, que pourtant elle n'aimait pas, lui reprochant entre autres choses sa doctrine du « pari ». Ce double exercice de la pensée permet de rejointoyer les deux grands pans d'un parcours philosophique que l'on a pris l'habitude – funeste – de considérer comme inconciliables. Le « comprendre », selon l'adage de Spinoza par lequel Simone Weil ouvre son « Grand Œuvre » de 1934 (« En ce qui concerne les choses humaines, ne pas rire, ne pas pleurer, ne pas s'indigner, mais comprendre »), va dorénavant se hausser jusqu'aux plus hautes altitudes de l'esprit, qui désire, aspire à des réalités qu'il pressent sans pouvoir lever tous les voiles et saura écouter les plaintes et les cris, ou même les deviner si ceux-ci n'ont pu trouver à s'exprimer. Le premier texte qu'elle

---

1. « N'ayant pu répondre à l'appel en septembre 1939, il a été arrêté à Helsinki, accusé d'être un espion russe, condamné à être fusillé, mais pas fusillé, transféré en Suède, puis au Danemark, puis en Angleterre, pour être ramené en France, fin janvier 1940. Il a raconté ses aventures dans ses *Souvenirs d'apprentissage*. » Ce sont ici les termes dont a usé Sylvie Weil, sa fille, dans *Chez les Weil. André et Simone*, *op. cit.*
2. *Œ*, p. 678.

rédigea en arrivant à Londres, à la fin de l'année 1942, « La personne et le sacré » martèlera cela avec une force étonnante.

IV. – Mathématique et mystique

Parallèlement, l'introduction d'un vocabulaire à résonance scientifique laisse présager une mutation décisive du train des spéculations de Simone Weil. Une « rigueur géométrique », c'est-à-dire le domaine de la nécessité, envahit de nouveau le champ de sa pensée. Ceux qui « vont au-delà de la force dont ils disposent » vont à leur tour sans tarder subir les outrages qu'ils font subir à leurs ennemis : « Ce châtiment d'une rigueur géométrique, qui punit automatiquement l'abus de la force, fut l'objet premier de la méditation chez les Grecs. Il constitue l'âme de l'épopée ; sous le nom de Némésis, il est le ressort des tragédies d'Eschyle ; les pythagoriciens, Socrate, Platon, partirent de là pour penser l'homme et l'univers[1]. » Déjà, dans la « Méditation sur l'obéissance et la liberté », se laissait pressentir la prochaine prééminence de la mathématique et le triomphe de cette dernière dans la physique. La notion de « force » y revêt en effet une coloration scientifique, par l'évocation de Galilée (elle vient d'en acquérir les œuvres complètes à Florence[2]) dont le génie mit au monde la notion de « pesanteur », première approche de ce qui prendra le nom de « principe d'inertie ».

Les retrouvailles du frère et de la sœur, deux « génies » élevés aux fins expresses de le devenir, constituent un nouveau « moment » de ce parcours, et l'un des plus importants. Après ce que nous avons considéré comme

1. Voir « L'*Iliade* ou le poème de la force », in *Œ*, p. 537-538.
2. Dans l'édition des *Opere*, Florence, Adriano Salani Editore, 1935.

la « cime » de l'œuvre et de la pensée de Simone Weil, à savoir la « Méditation sur l'obéissance et la liberté », on est ici aux prises avec une articulation majeure des destins respectifs du frère et de la sœur. La complicité qui règne entre eux est évidente. Simone Weil baigne depuis l'enfance dans une fascination pour les mathématiques, scandée par les avancées prodigieuses du jeune André. Elle est elle-même parvenue, à grand ahan, à maîtriser les *Leçons de géométrie élémentaire* de Jacques Hadamard, a participé au moins à deux congrès Bourbaki, l'un à Chançay en 1937, l'autre à Dieulefit l'année suivante. Elle peut donc converser avec son frère sur les origines grecques de la mathématique presque d'égal à égal, possédant même sur son frère l'avantage que lui donne sa formation philosophique.

Cette très riche correspondance qu'ils échangent de janvier à avril 1940 offre le plus saisissant contraste entre la conjoncture dramatique (la guerre suspendue, « la drôle de guerre », avant que se déchaînent les horreurs) et l'exultation intellectuelle que sécrète l'échange entre ces deux puissants esprits.

Si, pour André Weil, cet enfermement forcé fut l'occasion de découvertes décisives (l'intégration dans les groupes topologiques et ses applications...), pour sa sœur, cette conjoncture d'éléments conjuguant la grande histoire et les aléas d'une vie singulière fut l'occasion d'un retour accusé et déterminant à la Grèce, mère de la philosophie, mère des sciences et d'un dieu qui toujours géométrise (*ho theos aei geômetrei*). Et de proposer à son frère une reconstitution des découvertes de Pythagore sur le triangle rectangle à laquelle André donne son assentiment, car, écrit-il, « il ne suppose pas qu'il ait fait une démonstration ». En outre, Simone concentre son propos sur la notion de *proportion*, terme dont l'étymologie indique la stricte origine mathématique. Par là, elle introduit les préoccupations religieuses des Grecs qui la retiennent désormais si étroitement. Elle évoque le « lien entre les préoccupations mathématiques, d'une part, philosophico-religieuses, de l'autre, lien dont l'existence est historiquement reconnue pour l'époque de Pythagore ». Voilà lâché le nom du penseur grec, qui bientôt va devenir le pilier de sa méditation des mystères divins…

De la notion de proportion, elle va naturellement passer à celle de *disproportion* « entre l'homme et Dieu », ce que son frère reprend en opinant, mais aussi en complétant le propos selon ses vues non religieuses de mathématicien (« la disproportion entre la pensée et le monde et, comme tu dis, entre l'homme et Dieu »). Ils disputent ensuite, ces deux esprits envoûtés par le sujet dont ils traitent, du « drame des incommensurables », communiant dans un même émerveillement. Voici comment s'exprime André Weil :

> La proportion, c'est ce qu'on *nomme* ; qu'il y ait des rapports qui ne soient pas nommables (et nommable, c'est un rapport entre nombres entiers), qu'il y ait eu des *logoi alogoi*, le mot même est tellement bouleversant que je ne puis croire qu'à une époque aussi essentiellement dramatique, et qui a connu et goûté l'angoisse à tel point, un fait si extraordinaire ait pu passer pour une simple découverte scientifique comme, disons, la transcendance de e et de π[1].

Cet enthousiasme juvénile permet à Simone de passer des incommensurables à la *mania* des mystères, « inspirée par les dieux », dont Platon fait l'éloge[2].

1. *OC*, t. VII, vol. 1, p. 556-557.

2. La *mania* est un terme utilisé dans les rituels mystériques des anciens Grecs qui parlent d'une transe ou d'un délire assimilé à une sorte de folie.

Ce faisant, il reliait, par l'étymologie même, les mystères à la mystique, ce qu'elle ne manque pas de faire : « Platon [...] est un mystique. » Elle le redira avec éclat en ouvrant à Marseille, presque deux ans plus tard, son dossier de « Dieu dans Platon[1] ».

V. – À la croisée des chemins

En 1940, Simone Weil est à la fois connue et méconnue. Elle a beaucoup écrit. Il serait plus exact de dire qu'elle n'a guère lâché la plume, qu'il s'agisse d'articles prêts pour la publication ou seulement ébauchés ou projetés, ou de ces correspondances multiples qu'elle entretenait avec ses compagnons de combat, ses lettres prenant rang souvent parmi ses écrits, par leur ampleur, leur richesse et leur qualité d'écriture. Que l'on songe par exemple à la lettre à Robert Guihéneuf[2], de retour d'URSS en 1936, à propos du travail sur machine, nouvelle forme de l'esclavage, à l'admirable lettre à Bernanos sur la guerre civile espagnole ou à la « Lettre ouverte » à Jules Romains, de proportions si considérables qu'elle deviendra la première formulation du texte « Expérience de la vie d'usine », qui sera publié à Marseille en 1941. Songeons encore aux lettres qu'elle écrivit à ses anciennes élèves, en particulier celle à Huguette Baur, en pleine débâcle[3].

Ses articles – fort nombreux – sont destinés à des revues d'organes syndicaux ou de mouvements à tendance marxiste ou antifasciste, telles que *L'École*

1. Voir *OC*, t. IV, vol. 2, p. 78.
2. Voir « L'homme et la machine. Autour du "Grand Œuvre" », *Cahiers Simone Weil*, numéro spécial, t. XXI, n° 1-2, mars-juin 1988, p. 1-20.
3. *Œ*, p. 967-970.

émancipée, *La Révolution prolétarienne*, *La Critique sociale* de son ami Boris Souvarine ou, un peu plus tard, les revues *Vigilance* ou *Syndicats*. Mais comment ne pas songer aux *Réflexions sur les causes de la liberté et de l'oppression sociale*, texte considérable et par sa longueur et par la puissance de pensée qui s'en dégage ? N'ayant pas paru dans la revue de Souvarine, il demeura ignoré pendant quelque vingt ans avant sa publication en 1955 chez Gallimard, dans la collection « Espoir », au sein du volume *Oppression et liberté*.

Cependant, les grandes revues qui visaient un public plus large, moins centré sur les seules questions sociales, restent fermées. Le texte de « L'*Iliade* ou le poème de la force », qui sera considéré parmi les écrits de Simone Weil comme un des sommets de sa pensée et comme un modèle difficilement égalable en matière de traduction des hexamètres grecs, fut refusé par la *NRF*. En revanche, ces pages furent immédiatement accueillies aux *Cahiers du Sud*, la revue que Jean Ballard animait à Marseille, et publiées en deux livraisons en décembre 1940 et janvier 1941.

Avec la revue des *Nouveaux Cahiers*, réunissant de jeunes industriels attirés par la personnalité d'Auguste Detœuf, auxquels s'adjoignent des hommes soucieux de solutions nouvelles pour une France qui se cherche, Simone Weil accède à une certaine notoriété. Elle y publiera plusieurs articles, y compris une partie de ses « Quelques réflexions sur les origines de l'hitlérisme », énorme massif dont seule la partie médiane sera publiée, la dernière partie, quant à elle, ayant été refusée par la censure.

Simone Weil n'avait cure de sa réputation d'auteur. Elle allait toujours de l'avant, sans regarder en arrière, à l'affût de ce qu'elle pouvait apprendre et qui méritait d'être connu. Sa soif d'élargir son champ de vision était sans limite. Pourtant, seuls comptaient à ses yeux, dans ces moments terribles de la Débâcle, les textes qui la rattachaient à la littérature, à savoir les quelques poèmes qu'elle avait composés et l'embryon de pièce de théâtre, sa *Venise sauvée*, qu'elle ne cessa de remettre sur le métier sans pouvoir l'achever.

CHAPITRE V

Les *Cahiers* : cahiers de laboratoire et journal d'une âme

I. – La science, rien que la science

Dans ce retour à la Grèce qui irrigue la correspondance que Simone Weil échangea avec son frère de février à avril 1940, on peut lire le phénomène de cristallisation qui innerva d'un flux puissant les dix-huit mois marseillais qui succédèrent à l'exode de juin 1940. Il marqua avec éclat un retour à la science. Arrivée à Marseille avec ses parents le 15 septembre qui suivit, Simone Weil ne s'occupa guère que de science. Ses *Cahiers* en témoignent. On peut suivre au travers de ses notes une relecture attentive des *Entretiens au bord de la mer* d'Alain. Quand elle put faire venir de Paris les cinq volumes des œuvres de Galilée qu'elle s'était procurés en Italie, elle plongera dans l'étude détaillée, la plume à la main, de ces ouvrages (essentiellement le *Dialogo sopra i due Massimi Sistemi*).

Cet intérêt presque unique[1] qui a frappé certains de ses amis retrouvés là-bas fut brusquement porté à

1. D'autres intérêts – puissants – sont venus s'intégrer à cette passion dominante : la pensée indienne, dont elle apprend les rudiments avec René Daumal, son condisciple à Henri-IV retrouvé à Marseille, et le bouddhisme zen auquel elle s'initie au travers des *Essays* in *Zen Buddhism* de Daisetz Teitaro Suzuki, dont ce même Daumal traduit

sa plus haute intensité par la lecture d'un ouvrage tout juste traduit de Planck : *Initiations à la physique*. Cette affaire des quanta embrasa si fortement son esprit qu'elle consacra l'essentiel de ses forces à argumenter contre une théorie qu'elle jugeait destructrice (elle parla d'une « tempête » qui « a déraciné les valeurs »[1]), ouvrant une esquisse d'essai (« La science et nous ») par cet *incipit* théâtral : « Nous avons perdu la science. » Quelques mois plus tard, elle rouvrit le dossier avec un véritable « brûlot », « Réflexions à propos de la théorie des quanta ». Si la description du « village des savants » et des mœurs qui y règnent régalent le lecteur par la puissante ironie qui s'y déploie, le procès qu'elle intente à la nouvelle physique est impitoyable.

Certes, elle reconnaît que l'innovation de Planck, en introduisant la discontinuité dans l'énergie, « eut une fortune prodigieuse[2] », ses formules étant valables pour tous les échanges d'énergie ayant lieu dans l'infiniment petit (et les quelque soixante années qui séparent Simone Weil de l'aurore du XXIe siècle ont été le théâtre d'expériences et de résultats encore plus prodigieux). Cependant, c'est avec sagesse qu'elle préconise pour la science un travail de récapitulation et de révision, « laissant apparaître clairement les difficultés, les contradictions, les impossibilités, qu'on se hâte aujourd'hui de dissimuler sous des solutions derrière lesquelles l'intelligence ne peut plus rien

les *Second Series*. Elle prend feu aussi pour le volume spécial du *Génie d'Oc* qui entre alors dans sa phase d'élaboration la plus intense, et, par voie de conséquence, pour le catharisme, dont il est beaucoup question dans les *Cahiers du Sud*, revue qui est le point de ralliement de tous les intellectuels repliés sur la cité phocéenne.

1. *Œ*, p. 592.
2. *Œ*, p. 583.

apercevoir[1] ». Aujourd'hui, certains physiciens ou philosophes des sciences seraient d'accord sur ce point. Simone Weil conclura son article, où elle guerroie avec rudesse, par des pages esquissées où elle prône comme « fondement d'une science nouvelle[2] » les notions d'équilibre et de limite entendues comme ruptures d'équilibre qui se compensent, selon la formule d'Anaximandre qu'elle se plut tant à citer et qui appartient à ce monde présocratique où elle va bientôt puiser presque sans retenue.

II. – Un champ pour la pensée

Avec les quelque vingt *Cahiers*[3] dont Simone Weil va couvrir les pages jour après jour, et cela jusqu'à sa mort[4], c'est un autre mode d'écriture et de pensée qui s'ouvre pour la philosophe. Ayant été révoquée de son poste de professeur par les lois de Vichy, elle est libre de tout engagement. Elle avait espéré travailler aux champs, après un séjour chez Gustave Thibon en août et septembre 1941 à Saint-Marcel d'Ardèche et son emploi de vendangeuse en septembre-octobre. Espoir déçu. Parallèlement à des activités menées auprès des réfugiés parqués dans des camps (des Vietnamiens au camp de Mazargues, des Espagnols au camp du Vernet, en Ariège), de multiples démarches pour tenter de

1. *Œ*, p. 591.
2. « Du fondement d'une science nouvelle », *OC*, t. IV, vol. 1, p. 183-188, particulièrement p. 184.
3. Si l'on excepte un premier cahier ouvert avant la guerre, qu'elle avait étiqueté « Ne compte pas » et qui pour l'essentiel accompagnait la rédaction des *Réflexions sur les causes de la liberté et l'oppression sociale.*
4. La matière de ces *Cahiers* va donner lieu à la publication des quatre gros volumes du t. VI dans les *Œuvres complètes* que fait paraître Gallimard.

gagner l'Amérique et bientôt des activités de résistance (entrant dans le circuit de la distribution des cahiers clandestins du *Témoignage chrétien*), le champ de la méditation pure lui est alors offert. La voie est libre ; elle s'y engouffre. Elle se laisse donc aller à ce qui est sa pente naturelle, avec un sentiment qui ne serait pas loin de celui d'un certain bonheur, en ces temps tragiques. Elle va s'accuser de « paresse » et parler de cette tendance à la contemplation comme d'une tentation (comme elle l'avait déjà fait vers 1935 dans des notes personnelles incluses dans le *Cahier I*, antérieur à la guerre).

Ce flot ininterrompu signe le retour à l'activité, « naturelle » en quelque sorte, à laquelle l'avait vouée une jeunesse consacrée à l'étude et de longues années de formation. Elle avait fait le choix de la philosophie et couru ensuite une carrière singulière remplie d'actions hardies, étranges, se succédant à une vitesse pour ainsi dire vertigineuse. La voici maintenant redevenue pleinement philosophe, bien que son mode de pensée n'appartienne pas étroitement (ou « canoniquement ») au champ philosophique. La substance de ces *Cahiers* relève, en effet, d'une triple activité. Des notes de lecture d'après des ouvrages scientifiques soigneusement fouillés côtoient des exercices de pensée (au sens technique du terme) et des moments de méditation. Ces trois opérations sont étroitement conjuguées.

La lecture suivie de ces centaines de pages couvrant une série de *Cahiers*, tous semblables, qu'elle détenait depuis ses années à l'ENS fait apparaître une sorte de « journal » de sa pensée. Écrit pour soi seul et, par là, fortement elliptique, ce journal est parfois difficile à déchiffrer, voire obscur. On songe, lorsqu'on en tourne les pages, à une pensée surprise dans le vif de son exercice, qui pense tout haut, pourrait-on dire, laissant voir le déroulement de l'activité d'un esprit, avec ses sauts, ses arrêts, ses involutions, ses nœuds, ses entrecroisements, et l'effet fécondant de ces modes entrelacés.

Suite de fragments rompus ? En un sens seulement, car des enchaînements se laissent percevoir, et même des raisonnements suivis, quoique réduits à une ossature minimale avec, souvent, l'usage de sigles, qui sont la récompense de lectures attentives et soutenues. Si certains enchaînements témoignent d'un usage impérieux de la logique, d'autres séquences révèlent les marches d'une progression moins « canonique » de la pensée, dont les traces rédigées ne livrent que les résultats, souvent sous forme d'aphorismes qui fusent tels des éclairs de pensée. Gustave Thibon a recueilli les éclats en les classant par grands thèmes dans son petit livre intitulé *La Pesanteur et la Grâce*[1]. Certaines « équations » de la pensée de la philosophe ne se laissent lire que dans ces fragments. Par « équations », nous entendons un certain type de déductions dont un esprit doué d'une puissance analogique a le secret, faisant se conjoindre et mariant avec une liberté surprenante des strates de sens, niveaux de pensée, registres d'expression et vocabulaires spécifiques appartenant à des domaines disjoints et autonomes. Cette mise au jour d'intuitions enfouies mais profondément inscrites passe par le truchement de ces « conduites forcées » de la pensée.

1. Ouvrage commode, assurément, et constamment réédité, malgré les inconvénients de ce procédé. La chronologie est absente. Or, la pensée de Simone Weil n'est pas fixiste : elle s'enrichit en se nourrissant d'apports successifs. D'autre part, on ignore le contexte d'où ont surgi ces aphorismes. Dans ces conditions, on a toutes les chances d'en perdre la saveur et le sens vrai.

III. – « Compréhension difficile des choses évidentes »

Cet adage qu'elle inscrivit par deux fois dans deux *Cahiers* contigus (*Cahiers IV-V*) donne la clef d'un programme qui, somme toute, vient en droite ligne des directives de son maître Alain. Pour ce dernier, en effet, penser n'est autre chose que repenser. Une pensée assise et qui se croit assurée est une pensée « rassise ». « Penser est un acte violent », disait-il ; ou encore : « Penser est un excès ». L'élève n'oublia jamais la leçon.

Sa réflexion se réorganise donc autour d'un vocabulaire, sinon neuf, du moins revisité et comme vérifié dans chacun de ses concepts. Par une confrontation systématique des vocables de l'usage commun avec les diverses disciplines des savoirs de son temps, Simone Weil revivifie des concepts qu'une trop longue tradition philosophique avait en quelque sorte usés. Ces concepts sont peut-être altérés : les termes qui paraissent communs ne peuvent être, en effet, surimposés sans tiraillements et débordements de sens. De cela, Simone Weil en avait la plus vive conscience, et elle pratiqua le procédé (qui n'est autre que celui des « changements de point de vue ») pour découvrir des rapports nouveaux et ainsi ouvrir des voies inédites. Les analyses précises qui définissent leur usage ont permis à la philosophe de délimiter un espace de signification homogène pour l'expression d'une pensée neuve, voire fortement novatrice, du fait, précisément, de ces acceptions particulières qu'elle donne aux mots. Seuls les grands esprits, les seuls qui soient capables de renouvellement, sont aptes à concevoir et à imposer cet éclairage nouveau, même si cette nouveauté doit se restreindre, ainsi que Simone Weil l'affirma dans son compte rendu de *L'Avenir de la science*, à n'être qu'« un accent nouveau imprimé à une pensée non seulement éternelle en droit, mais antique en fait ».

Si sa pensée n'est pas étroitement philosophique, son style, cependant, est philosophique, et particulièrement, comme nous le dit Jeanne Hersch, sa façon d'opérer : « Elle recourt à des apories, à l'aide desquelles elle immobilise, elle "coince" pour ainsi dire la pensée. [...] Elle multiplie les paradoxes pour obliger la pensée à accomplir certains exercices d'approfondissement et lui faire saisir ainsi ce qui est au-delà du domaine rationnel[1]. »

IV. – Les modèles scientifiques

Au XXe siècle, la science est reine. Aux yeux de Simone Weil, c'est probablement la seule grandeur de ce siècle de fer, « la seule chose à peu près bonne que nous ayons en propre, à savoir la science[2] », ainsi qu'elle l'écrit à Jean Wahl en octobre 1942. La rigueur des instruments de précision qu'elle a forgés permet à la pensée de ne pas se mentir. C'est sur cette assise solide, revivifiée par les échanges qu'elle eut avec son frère durant le printemps 1940, qu'elle bâtit l'échafaudage de sa philosophie. On a pu lui reprocher un rationalisme outrancier : elle ne faisait qu'appliquer l'enseignement d'Alain ainsi que le présupposé matérialiste de la doctrine de Marx.

Elle décelait partout des mécanismes et, partant, des lois, l'univers étant pris dans un réseau infrangible

1. J. Hersch, *Éclairer l'obscur. Entretiens avec Gabrielle et Alfred Dufour*, Lausanne, L'Âge d'Homme, 1986, p. 78.
2. *Œ*, p. 979.

de relations nécessaires ; elle étendait la notion de matière aux réalités non physiques, évoquant une « matière psychologique ». Il n'est jusqu'aux phénomènes d'ordre moral, soit collectifs, soit individuels, sous lesquels elle ne détectât quelque chose d'analogue à la matière proprement dite : « Les pensées sont soumises à un mécanisme qui leur est propre. Mais c'est un mécanisme. » Le domaine du surnaturel lui-même ne devait pas faire exception aux lois suprêmes de la nécessité. Prôner l'interdépendance du profane et du spirituel et donner une assise concrète (c'est-à-dire scientifique) aux phénomènes spirituels sont des constantes chez Simone Weil. Elle lit en effet une analogie entre les rapports mécaniques qui constituent l'ordre du monde et les vérités divines.

Or, c'est précisément pour tenter d'introduire de la clarté dans son parcours spirituel, qui a été, on l'a vu, brusquement inondé de lumière, qu'elle va inlassablement confronter les réalités spirituelles aux modèles scientifiques, qu'il s'agisse de ceux qu'elle revisite ou de ceux qui émergent de nouveau avec éclat en ce début des années 1940.

L'intrication des notes de lecture d'ouvrages scientifiques avec les réflexions d'ordre psychique, moral ou spirituel apparaît avec la plus grande évidence dans le *Cahier V*[1], qui est presque entièrement consacré à ces lectures scientifiques. Elle use d'ailleurs constamment, dans la marge, du sigle Λ (un « lambda » majuscule) qui signifie « loi ».

Aux modèles mécaniques des forces sur lesquels elle a déjà eu l'occasion de réfléchir en profondeur (qu'il s'agisse du principe d'Archimède ou de la « loi des travaux » mise en lumière par Alain) succède ainsi une

1. Voir *OC*, t. VI, vol. 2, p. 163-278.

science de la *psychê* introduite par le biais de l'énergétique (plus précisément de la thermodynamique) et à laquelle succédera une approche biologique de la vie psychique.

Lavoisier dans son axiome fameux (« Rien ne se perd, rien ne se crée, tout se transforme ») avait fondé la physique sur une réversibilité des phénomènes. Le second principe de la thermodynamique, appelé aussi principe de Carnot, énonce en revanche un principe d'irréversibilité dans les phénomènes qui prend nom d'*entropie*, laquelle correspond à une déperdition d'énergie.

Avec une belle audace, Simone Weil va énoncer les principes d'une énergétique psychique, en partant de ce postulat : « Sujet, objet et désir qui les joint. Ce désir est énergie. C'est *psychê.* » Elle envisage trois niveaux de l'énergie dans la *psychê* : l'énergie végétative correspondant à l'existence nue, une énergie de second ordre, qu'elle appelle l'énergie supplémentaire et par laquelle le « moi » nomme son objet et le désire, et enfin une énergie supérieure, qu'elle appelle l'énergie surnaturelle, correspondant au désir détaché de sa source, qui a la capacité de se détacher de l'objet, et qui, seule, permet de contrer le second principe de la thermodynamique.

Simone Weil distingue également différents types d'échanges d'énergie dans cette « mécanique humaine » où elle lit des lois aussi impérieuses que la pesanteur. L'énergie peut, en effet, se dégrader ; il peut y avoir des transferts d'énergie, par changement de plan. Par le biais des notions de « bas » et d'« élevé », elle évoque des transferts ascendants et ce qu'elle appelle des « requalifications de l'énergie » lorsque l'attention est orientée par l'amour vers le bien.

Elle ne cesse, en revanche, de dénoncer la nocivité de l'imagination qui rêve de posséder l'autre en le « consommant ». Elle conçoit une autre approche de l'imaginaire, qu'elle appelle un imaginaire de « premier ordre », où elle voit une méthode d'interprétation du folklore ; car les grandes images à valeur universelle sont comme « venues du dehors ». Le foisonnement de ses recherches sur le folklore et les contes, ainsi que les richesses qu'elle y découvre, trouvent là leur origine. Cependant, si elle décryptait avec un rare bonheur la langue universelle de l'imaginaire collectif, cette tendance l'entraîna parfois trop loin. Elle alla en effet jusqu'à adhérer à l'idée d'une révélation primitive en s'appuyant sur un passage du *Philèbe* de Platon qui évoque ces « hommes anciens, plus près des dieux que nous ».

C'est dans le domaine de la science biologique, en particulier de la science des phénomènes végétaux, que Simone Weil va poursuivre sa recherche d'une énergie susceptible de composer une force antagoniste à la pesanteur. Elle a en tête l'image de l'arbre aux racines célestes qu'évoque Platon dans le *Timée* (90a). Comme à son habitude, elle se documente et consulte le *Précis de biologie végétale* paru chez Masson en 1937. Elle s'est aussi procuré un exemplaire polycopié du *Cours de Biologie générale – Biologie végétale* enseigné à la faculté des sciences de Marseille en 1940.

Les principes qu'elle dégage sont les suivants : « Toute énergie sur cette terre vient du soleil, sauf la pesanteur. Tout est combinaison d'énergie solaire et de pesanteur. » Nous vivons d'énergie solaire ; nous la « mangeons ». Les mots et expressions « avoir faim », « avoir soif », « boire » et « manger » se colorent chez Simone Weil de spiritualité et deviennent les efficaces substituts de notions dans le domaine psychologique.

L'âme dans le *Phèdre* ne se nourrit-elle pas de la réalité qu'elle contemple de l'autre côté du ciel ? Et dans le fragment orphique qu'elle aime à citer (« Tu trouveras près de la demeure d'Hadès… »), elle se plaît à distinguer ce vers : « La soif me consume et me tue. » Cette énergie solaire ne se peut capter que par la vertu de la chlorophylle, selon un mécanisme complexe que la biologie végétale réussit à clarifier. Elle procède d'une source inaccessible (elle descend continuellement sur nous). Elle est l'image de la grâce. À partir de là, Simone Weil échafaude une théorie psycho-physiologique de la grâce, par le biais de ce qu'elle appelle avec audace la « vertu chlorophyllienne de la grâce ».

Ces considérations sur la pesanteur et la grâce[1], qui innervent dorénavant la méditation continue des *Cahiers*, constituent un palier décisif. Un saut s'est opéré, comme une rupture de barrage, dont le poème « La porte » donne le plus éloquent témoignage : « La porte en s'ouvrant laissa passer tant de silence/ Que ni les vergers ne sont parus ni nulle fleur ;/ Seul l'espace immense où sont le vide et la lumière/ Fut soudain présent de part en part, combla le cœur,/ Et lava les yeux presque aveugles sous la poussière. » Il y a ouverture sur le transcendant, cet autre monde qu'évoque, parallèlement, l'image antique de l'œuf du poussin dont il faut fendre la coquille et dont Simone Weil parlera à son ami Joë Bousquet en mai 1942.

1. C'est l'intitulé, on s'en souvient, que Gustave Thibon donna lui-même du choix de notes des *Cahiers* qu'il fit paraître en 1947 chez Plon. S'il est opportun, il reste qu'une plongée directe dans ce monument de pensée que sont les *Cahiers* est préférable, et qui plus est, délectable : elle permet de suivre l'agencement *vrai* de sa pensée.

V. – Les équations de la pensée

Cette hiérarchie des ordres, que l'on a ainsi pu observer en parcourant les grandes « veines » des *Cahiers*, culmine avec le rôle éminent que jouent les mathématiques dans ces méditations jamais interrompues en fait d'outils et de réserves d'images. Innombrables sont en effet les enchaînements qui s'ouvrent, s'articulent ou se ferment avec une formule à caractère mathématique. On pourrait parler à ce sujet d'une voie d'accès privilégiée (ou d'interface, pour insister sur cette coloration du vocabulaire) au mystère de la condition humaine. Dans cette façon qui est la sienne de toujours rabattre les catégories de la pensée vers la plus haute et la plus rigoureuse, la philosophe a modelé les mathématiques à une fin qui n'est pas naturellement la leur. Pour celle qui a évoqué une « échelle du moins au plus certain et du plus au moins représentable », la mathématique représente « le degré intermédiaire de certitude, le degré intermédiaire d'inconcevabilité » qui permet à l'intelligence de saisir avec certitude des rapports qu'elle est incapable de se représenter. Ces infinies méditations journalières, qui sont à la fois des cahiers de laboratoire et le journal d'une âme dont on suit la progression continue selon une voie ascendante, furent reprises et ramassées dans *L'Enracinement* :

> Tout dans la création est soumis à la méthode, y compris les points d'intersection entre ce monde et l'autre. C'est ce qu'indique le mot *Logos*, qui veut dire relation plus encore que parole. La méthode est seulement autre quand le domaine est autre. À mesure qu'on s'élève, elle s'accroît en rigueur et en précision. Il serait bien étrange que l'ordre des choses matérielles reflétât davantage

de sagesse divine que l'ordre des choses de l'âme. Le contraire est vrai[1].

VI. – Les *Cahiers* de New York

Quittant la France avec les siens le 14 mai 1942 – ou plutôt en route pour un nouvel exode –, Simone Weil traverse l'Atlantique pour gagner New York. Après ses dernières semaines à Marseille, où son activité fut prodigieuse (elle rédigea en effet lettres et essais équivalant à la substance de plusieurs ouvrages), elle connut une sorte d'affaissement de son être, marque d'un mouvement dépressif assez prononcé ; et ce, malgré les longues heures de travail passées à la New York Public Library, seul moyen pour elle de trouver quelque repos pour son esprit. Les notes dans son *Cahier* d'alors se font rares, jusqu'au jour où une lettre de Maurice Schumann ranime en elle l'espoir de passer en Angleterre. De la mi-septembre au 10 novembre suivant, quand elle put enfin quitter les États-Unis, Simone Weil renoua avec la pratique des *Cahiers*. Et en quelques semaines donc, ce sont cinq *Cahiers* qui vont se succéder[2]...

La matière des réflexions qui les composent ne relève plus des disciplines scientifiques, comme ce fut le cas jusqu'alors. Son génie analogique en ces moments tragiques se nourrit des mythes et du folklore de toutes les nations. Elle suit même avec attention les pistes que lui ouvrent les contes, persuadée qu'ils enferment « un trésor de spiritualité d'une antiquité incalculable ». L'érudition qu'elle déploie n'est là que pour étayer le seul thème qui la retient en ces mois d'incertitude,

---

1. *L'Enracinement*, Paris, Flammarion, « Champs », 2014, p. 245.
2. *Cahiers XIII à XVII*, in *OC*, t. VI, vol. 4.

celui de la Passion. Sa méditation se fixe sur la croix du Christ qu'elle retrouve partout, au sein de toutes les traditions. Les pages de son « journal » retentissent de la plainte du Christ (« Pourquoi m'avez-vous abandonné ? ») et des cris de l'âme.

L'ultime *Cahier*, le « Carnet de Londres », recèle d'admirables méditations, en particulier touchant à l'Esprit (ou énergie surnaturelle), pour lequel elle conjoint trois images venues de trois traditions différentes, à savoir celle du *pneuma* (ou « souffle ») stoïcien, celle du feu héraclitéen, celle encore du souffle vital de la discipline du yoga. Elle les rassemble dans cet aphorisme : « L'esprit de vérité – le souffle igné de vérité, l'énergie de vérité – est en même temps l'Amour[1]. »

À chaque pas de son destin d'exilée, Simone Weil gagne des cieux plus larges de la pensée et de nouvelles altitudes. Assurément, les *Cahiers*, où la philosophe s'est efforcée de repenser les choses autrement, relançant de la sorte l'énergie de la pensée, constituent un trésor inépuisable.

1. *OC*, t. VI, vol. 4, p. 379.

CHAPITRE VI

Vers la spéculation pure

La question de l'impossible conjonction du fini et de l'infini taraude les philosophes depuis l'Antiquité la plus reculée. Dans sa quête de Dieu, Simone Weil la reprend en la posant en ces termes : « Il y a deux choses impossibles parce que contradictoires : le contact de la créature pensante avec la pensée divine, et le contact de la pensée divine avec la création, vue d'un point de vue particulier[1]. » Avec beaucoup d'intrépidité dans l'ordre de la spéculation pure, elle va tester l'hypothèse de l'homme-Dieu qu'est la personne du Christ en usant de la voie que lui offre la mathématique.

À la fin de l'année 1941 et jusqu'en février 1942, Simone Weil reprend l'annotation de son exemplaire du *Timée* comme elle l'avait déjà fait durant ses années de khâgne, mais avec une visée bien précise : revisiter avec Platon le processus mathématique qui présida à la création du monde pour y retrouver ce qu'elle pressent pouvoir être l'expression mathématique de la médiation entre l'homme et Dieu et comme réponse à ce qu'elle écrivait à son frère durant l'hiver 1940 sur la « disproportion entre l'homme et Dieu ». Que recherche-t-elle d'autre dans cet examen ardent et minutieux du texte – occupation qui lui « cause un ravissement inexprimable », comme elle l'écrit à son

1. *OC*, t. VI, vol. 3, p. 54-55.

ami Thibon –, sinon la confirmation, sous forme mathématique, de la possibilité de cet homme-Dieu médiateur qu'est le Christ ? C'était devenu chez elle une quasi-certitude. Ainsi cette question posée par Platon dans la *République* (VI, 493c) et qui la torture, à savoir celle de la distance entre l'essence du nécessaire et celle du bien, pourrait-elle trouver un commencement de solution.

Mathématiquement parlant, cette médiation ou proportion qu'est la « médiété géométrique[1] » (laquelle n'est ni la médiété arithmétique ni la médiété harmonique, mais se situe très précisément entre la quarte et la quinte) correspond à la mesure « non nommable » de la diagonale du carré (ou $\sqrt{2}$), exemple type de ces racines irrationnelles qu'André Weil s'était plu à appeler des *logoi alogoi*, ou « rapports innommés ». L'appréhension des irrationnelles par cette voie comble l'attente de Simone Weil, qui aurait ainsi touché « la racine du grand secret » qu'elle évoque dans le *Cahier XI*. Elle usera même du mot « révélation », dans un cadre de pensée similaire, au début de son « Dieu dans Platon ».

On ne peut que reprendre ici les propos de Marwan Rashed, à qui l'on doit l'admirable présentation de ce *Timée* annoté. Il évoque « la pensée platonicienne de la médiation [devenue] médiation elle-même, que Simone Weil juge assez puissante pour accompagner son propre cheminement mystique[2] ».

Ce travail de relecture et d'annotation par la philosophe de son exemplaire du *Timée* constitue une introduction monumentale (on pense à un escalier

1. Notion conçue par les mathématiciens grecs pour exprimer les rapports et proportions.
2. In S. Weil, *Écrits de Marseille II*, *OC*, t. IV, vol. 2, p. 464.

d'honneur) aux pages pythagoriciennes qu'elle va rédiger durant l'escale de Casablanca, d'où le bateau qui l'emmène avec ses parents repartira pour rejoindre New York. Ces pages forment la suite et la conclusion d'un essai qui a été intitulé *Intuitions préchrétiennes*[1]. La doctrine de Platon est « purement et simplement celle des pythagoriciens, à laquelle il n'aurait changé qu'un mot, disant "idées" au lieu de "nombres" », ainsi qu'elle l'a rappelé à son frère dans leur correspondance du printemps 1940. Aussi ne s'étonnera-t-on pas que Simone Weil ait pris soin de recopier tous les fragments significatifs subsistants de la doctrine pythagoricienne fournis par les *Fragmente der Vorsokratiker* édités par Diels et dont elle possédait la première édition.

Les pages qu'elle intitula « À propos de la doctrine pythagoricienne » déploient l'intuition qui l'habite, à savoir que la mathématique « enferme le résumé de la nécessité qui gouverne les choses sensibles et les images des vérités divines[2] ». Resserrant le lien entre mathématique et mystique, déjà fortement noué, elle ira jusqu'à écrire dans le premier *Cahier* d'Amérique que « toute géométrie procède de la Croix[3] », l'inverse étant également vrai, à savoir que seule la géométrie peut justifier la Croix. Le but suprême de sa recherche n'est-il pas de donner corps à l'Incarnation, laquelle est en même temps Passion ?

On lit donc ici un retour délibéré à l'ancienne mystique du cosmos qui s'était épanoui dans le néoplatonisme, allant de Nicolas de Cues aux Florentins,

---

1. L'intitulé n'est pas d'elle, mais il révèle avec assez d'exactitude ce qui est son projet d'alors.
2. *Œ*, p. 600.
3. *OC*, t. VI, vol. 4, p. 125.

à Giordano Bruno et Kepler. Ici se fait jour quelque chose d'une gnose perçant des mystères de l'esprit. Pour cette hymne d'un raffinement intellectuel extrême à la gloire des mathématiques, Simone Weil a déployé une langue nue, probe, dure et transparente, vibrante comme une flèche dans la cible, où on la reconnaît toute et dont le pouvoir de séduction entraîne le lecteur malgré lui.

Cette christologie conjecturale, dont le schème spéculatif repose sur la notion de médiation entendue comme moyenne proportionnelle, est une construction de l'esprit, un « expériment de pensée » (pour reprendre une expression de Xavier Tilliette). Pierre Boutang, quant à lui, parle d'une « intrusion de l'idée "mathématique" dans la logique », d'une « transformation essentielle qui en fait l'instrument propre de la métaphysique »[1]. Dans les développements conclusifs de ses pages pythagoriciennes, qui ouvrent sur une vision cosmo-théologique, Simone Weil n'hésite pas à considérer la mathématique comme « une sorte de poème mystique composé par Dieu même ». Et, sommet de sa méditation, quelques pages plus loin, elle écrit : « Dans les demi-ténèbres où nous sommes plongés, tout pour nous est rapport, comme dans la lumière de la réalité tout est en soi médiation divine. Le rapport, c'est la médiation divine entrevue dans nos ténèbres »[2].

Conclusion « tonnante » des quelques mois passés à Marseille, les pages pythagoriciennes de Simone Weil sont donc le fruit de sa relecture du *Timée*, qui s'accompagna de la lecture de la thèse que Maurice

---

1. Voir P. Boutang, *Ontologie du secret*, Paris, Puf, « Quadrige », 1988, p. 257.
2. *Œ*, p. 621 et 624.

de Gandillac consacra à Nicolas de Cues (*La Philosophie de Nicolas de Cues*), parue en 1941. Avec sa théorie de la *coïncidentia oppositorum*, ce dernier avait créé un mathématisme conjectural s'émancipant résolument du contexte scientifique immédiat. Passant de l'âge métaphysique à l'âge mathématique, il édifia une mathématique théologique de grande envergure. Saisie par la même ivresse, Simone Weil s'engouffra aisément à sa suite, réalisant à son tour une saisissante synthèse entre la proportionnalité grecque et le christianisme.

Elle semble avoir pris conscience de l'audace de ses propos, et c'est en termes à peine voilés qu'elle écrivit au père Perrin, le 26 mai 1942 (depuis l'escale de Casablanca, où furent précisément rédigées les pages pythagoriciennes), ces lignes évoquant « la mise à nu d'une large portion de vérité et de beauté jusque-là dissimulée par une couche épaisse de poussière ». Elle ajoute : « C'est presque l'analogue d'une révélation nouvelle de l'univers et de la destinée humaine. [...] Il y faut plus de génie qu'il n'en a fallu à Archimède pour inventer la mécanique et la physique[1]. » Simone Weil sait qu'elle s'est haussée à des altitudes où l'oxygène se fait rare. Elle devine que de telles pages peuvent surprendre son confident de Marseille. S'inquiétant de n'avoir pas de nouvelles de l'envoi, elle précise dans une lettre (inédite) envoyée de New York à son amie Hélène Honnorat qu'il s'agit de « deux grandes enveloppes bourrées de papier, contenant le pythagorisme et d'autres choses, des pensées un peu aberrantes » et se demande « s'il ne se dégageait pas de ces enveloppes une trop grande odeur de soufre ».

1. *Œ*, p. 787.

Comment dès lors, en nourrissant des pensées aux relents si peu catholiques, pourrait-elle envisager d'entrer dans l'Église ! Elle en écarte – semble-t-il – définitivement l'idée.

Simone Weil est une figure du seuil.

CHAPITRE VII

Une étrange chrétienne

Lorsque Simone Weil avait opéré son « grand retournement » avant la guerre, elle avait mis en branle les richesses de sa culture pour questionner le monde des religions. À Marseille, le questionnement prit une ampleur extrême. Toutes les pistes qui s'ouvraient sous ses pas étaient autant d'occasions à saisir. Elle s'y précipita. Une certitude l'habitait : au sein de cette polyphonie que composent les sagesses et doctrines spirituelles, ce qui est caché dans l'une se dit en clair dans une autre et il est nécessaire de les faire dialoguer. Aidée par son guide et interprète, René Daumal, elle s'initia à la pensée indienne. L'attachement sera durable : sur son lit d'hôpital à Londres, elle annota encore l'exemplaire de la *Gîtâ* qui lui venait de son frère. Les innombrables notations de ses *Cahiers* relatives au principe impersonnel de la conscience de soi qu'est l'*âtman* et à l'incantation symétrique du renoncement au « je » constituent l'écho le plus évident de cette imprégnation. Pour la pensée cathare, Simone Weil rechercha le secours érudit de Déodat Roché, peu sûr pourtant quant à ses sources. Puis elle s'intéressa au taoïsme à travers Pierre Salet, et au bouddhisme, comme on l'a vu plus haut. Elle entama aussi une collecte du folklore qui connut aux États-Unis une formidable extension. Son projet d'un recueil qu'elle aurait intitulé « Sagesse de tous les temps et de tous les pays », ainsi qu'elle le confia à Simone Pétrement en septembre 1941, manifeste la vigueur et l'audace d'une pensée qui sans cesse élargit son champ.

C'est riche de ces confrontations et de ces questionnements qu'elle se retrouve à New York, chaudron plutôt sulfureux où bouillonnent des passions contradictoires. Elle évite la communauté française ; elle est plus isolée que jamais. Ses entretiens avec le père Perrin ont tourné court. Quoique émue par la sainteté de ce moine quasi aveugle à qui elle voue « un sentiment d'affection, de reconnaissance et d'admiration », elle le malmène quelque peu : « Vous ne m'avez pas apporté l'inspiration chrétienne ni le Christ ; car quand je vous ai rencontré cela n'était plus à faire, c'était fait, sans l'entremise d'aucun être humain. » Et l'esquisse de sa lettre ultime, postée à Casablanca, n'est pas dépourvue d'insolence.

À New York, Maritain, à qui elle avait écrit, conseilla à Simone Weil de se mettre en rapport avec le père Marie-Alain Couturier, dominicain atypique et large d'esprit qui lutta pour la rénovation de l'art sacré. Elle ne put le rencontrer, mais rédigea à son intention une immense lettre en trente-cinq points dont elle termina la rédaction juste au moment d'embarquer pour Londres et qui fut publiée sous le titre *Lettre à un religieux*. Sous couvert de demande d'éclaircissement, Simone Weil se livre à une attaque en règle de l'Église catholique. Là encore, elle manie l'ironie et la brusquerie, incapable qu'elle est de déguiser ou d'adoucir ses jugements. Procès cruel donc, où l'autoritarisme dont fit preuve l'Église est qualifié de « totalitarisme ». De cette immense lettre, qui va en tous sens (les trente-cinq questions numérotées font illusion sur ce point), où les arguments sont entassés pêle-mêle et les redites fréquentes, on peut extraire trois thématiques principales.

I. – Un refus viscéral de l'Ancien Testament

Dans un premier temps, elle refuse de manière catégorique l'Ancien Testament, qu'elle avait relu et annoté d'après les deux volumes de la Bible du rabbinat français (Librairie Durlacher, 1930) qu'elle avait achetée à Marseille. Lecture dont Levinas souligna l'aveuglement, l'agressivité, la partialité et une « immédiateté » qui dénotait un manque de recul critique qui stupéfie chez une femme d'une pareille culture. Cette détestation des Hébreux a de quoi faire frémir. L'attaque est frontale et correspond à la première des trente-cinq questions qu'elle soumet au père Couturier[1]. Une ébauche de la question 1 – beaucoup plus longue – fut retirée de la liasse par Simone Weil : le texte avait pris une telle ampleur qu'elle en constitua un texte à part, intitulé « Israël et les Gentils », qui fut publié dans les *Pensées sans ordre concernant l'amour de Dieu*.

Comme témoignage de cette fixation – totalement négative – sur les Juifs, on ne trouvera pas plus féroces que ces pages où elle accumula tout à trac les merveilles et bienfaits des civilisations non hébraïques (toutes antérieures à l'ère chrétienne) qu'elle oppose à la prétendue idolâtrie et à la cruauté des Hébreux. Dans ces pages passionnantes mais outrancières, elle prend à revers la thèse défendue par saint Paul qui voyait dans les Gentils des greffons de l'olivier d'Israël. Elle considérait, en effet, qu'il existait une spiritualité plus pure

1. Une première version de la lettre, datée du 15 septembre, ne comprend que 14 questions. La version définitive fut confiée au père Couturier par les parents de Simone Weil juste avant le départ de cette dernière pour Londres, le 10 novembre suivant.

chez eux qu'en Israël ; ce qui revenait pratiquement à épouser la thèse du païen Celse dans le traité *Contra Celsum* d'Origène (qu'elle avait lu au moins en partie et auquel il lui est arrivé de se référer).

Néanmoins, elle n'élimine pas tous les livres de l'Ancien Testament. Comment le pourrait-elle ? Par deux fois, elle dresse la liste des livres qu'elle juge assimilables pour une âme chrétienne (questions 18 et 31). La liste la plus longue comprend : « Isaïe, Job, le Cantique des Cantiques, Daniel, Tobie, une partie d'Ézéchiel, une partie des Psaumes, une partie des livres sapientiaux, le début de la Genèse… »

II. – Un panchristisme

Simone Weil défend pied à pied ses convictions, introduit hardiment les noms des divinités grecques dans les modèles à vénérer, plaide pour l'entrée au panthéon chrétien des déités honorées chez d'autres peuples, accueillant avec la plus généreuse libéralité tout ce qu'a pu apporter l'Antiquité préchrétienne, mais effaçant les vingt siècles qui nous séparent de la Judée du Ier siècle ! C'est sur ce point que la position de Simone Weil présente le plus d'étrangeté, ou même d'inconséquence. Car le Christ, qu'elle dit avoir rencontré et dont elle ne cessa de méditer la Passion (dans laquelle elle reconnaît un fait historique indéniable), ne s'insère pas vraiment pour elle dans le tissu d'une histoire sainte, ou même de l'histoire tout court. Le Christ est le *logos* médiateur qui surplombe le temps. La vision qu'elle en a est résolument *anhistorique*. En invoquant Prométhée et son drame « sacré », elle ne dit pas autre chose : « L'histoire de Prométhée, c'est l'histoire même du Christ projetée dans l'éternel.

Il n'y manque que la localisation dans le temps et l'espace[1]. »

En poursuivant selon la même ligne, elle va prôner un universalisme chrétien qui s'appuie sur le premier chapitre de l'Évangile de Jean : « Le Verbe est la lumière qui éclaire tout homme. Quel texte plus formel pourrait-on désirer ? » écrit-elle au même moment dans un *Cahier* de New York[2]. Il s'agit, en quelque sorte, de tout absorber dans un « panchristisme » « qui ramène l'événement absolument surnaturel de l'incarnation à une philosophie cosmologique et gnostique », ainsi que l'expose Hans-Urs von Balthasar dans sa *Théologie de l'histoire*[3]. Cette immobilisation du temps, qu'elle « géométrise », la conduisit dans les tout derniers mois de sa vie à figurer inlassablement dans ses *Cahiers* le cercle zodiacal où elle se plaît à inscrire le retour cyclique de l'histoire éternelle que fut la Passion du Christ.

III. – Une contestation virulente du magistère romain

Cette contestation prend sa source dans le sentiment très fortement ancré en Simone Weil – à la fois natif et acquis – de la liberté absolue de la conscience. La fonction du libre arbitre est chez elle souveraine. Il faut voir là aussi un rappel de l'enseignement d'Alain, qui préconisait l'exercice systématique du doute. Elle va jusqu'à écrire dans cette même *Lettre à un religieux* qu'elle « considère une certaine suspension du jugement à l'égard de toutes les pensées quelles qu'elles soient,

1. *Lettre à un religieux*, question 7, in *Œ*, p. 990.
2. *OC*, t. VI, vol. 4, p. 173.
3. H.-U. von Balthasar, *Théologie de l'histoire*, trad. R. Givord, Paris, Parole et Silence, 2003, p. 100.

sans exception, comme constituant la vertu d'humilité dans le domaine de l'intelligence ». Cette dernière expression ne manque pas d'étonner.

Dans le fil de ce postulat, Simone Weil, qui accuse l'Église d'être devenue un « étouffoir » (ce qui n'est pas faux en ces temps où règne une néoscolastique bardée de gênes et de routine) et d'imposer ses vues avec un autoritarisme qu'elle juge insupportable (haro sur les formules telles que « Hors de l'Église point de salut » ou *anathema sit*...), lui oppose la mystique : elle est convaincue que « les mystiques de presque toutes les traditions religieuses se rejoignent presque jusqu'à l'identité ». Ce sont donc deux visions de la religion qui s'affrontent. « Tout se passe, écrit-elle, comme si, sous la même dénomination de christianisme et à l'intérieur de la même organisation sociale, il y avait deux religions distinctes, celle des mystiques et l'autre[1]. »

En outre, cette manière résolue de « camper hors les murs » de l'Église n'est pas sans rapport avec sa détestation des Juifs. Elle admire Marcion parce qu'il rejette le dieu de l'Ancien Testament ; et c'est encore pour le même motif qu'elle adhère avec enthousiasme aux idées cathares à la faveur des idées erronées que propageaient certains spécialistes d'alors, en particulier Déodat Roché, lequel mêlait cathares et manichéens.

Cette passion anti-hébraique et antijuive qui l'animait ira jusqu'à annihiler les effets de la rigueur de son esprit qui, dans un cas comme celui-là, s'emballe à contresens. Sachons reconnaître chez Simone Weil des entêtements et des dérapages, dont fait foi son acharnement contre les Juifs : elle élabore un mythe avec Rome et un contre-mythe avec Athènes, et sa pensée, souvent complexe, n'est pas dénuée d'ambiguïtés.

1. *Lettre à un religieux*, *op. cit.*, question 14, *Œ*, p. 997.

« Cette philosophe scrutatrice avait l'objectivité si passionnée », déclare Stanislas Fumet, qui eut l'occasion de s'entretenir avec elle une fois à Marseille et se heurta à cette tête dure à propos d'Aristote (encore l'une de ses détestations !).

Simone Weil adhère aux points principaux du *Credo* de l'Église catholique, goûte pleinement aux beautés de ses cérémonies et rituels et a montré qu'elle était particulièrement attachée au chant grégorien. Cependant, elle ne lui reconnaît « aucun droit de limiter les opérations de l'intelligence ou les illuminations de l'amour dans le domaine de la pensée » et poursuit ses recherches dans le domaine du religieux « sans aucun souci d'un accord ou d'un désaccord possible avec l'enseignement dogmatique de l'Église[1] ». Cela étant nettement établi, on peut la dire chrétienne. On serait plus proche de la vérité la concernant en la qualifiant de *christique* : tout son amour va au Christ et à sa Passion.

Avec la *Lettre à un religieux* dont elle n'attend aucune réponse (laquelle ne viendra pas – en effet, il est aisé d'imaginer l'étonnement et la perplexité ressentis par le dominicain à la lecture de ce document[2]...), une porte se ferme définitivement et un seuil ne sera jamais franchi.

1. Voir « Dernier texte », in *Pensées sans ordre concernant l'amour de Dieu*, Paris, Gallimard, « Espoir », 1962, p. 149-150. Voir aussi *OC*, t. V, vol. 1, p. 354, où le texte porte comme titre « Profession de foi ».
2. Interrogé par André Weil dans une lettre datant vraisemblablement de la fin de l'année 1943 sur la possibilité de publier ces pages, le père Couturier résume en quelques lignes les raisons de ses réticences à cet égard : « Il y a trop d'incertitudes dans l'expression et la pensée, et dans l'information elle-même. La connaissance du christianisme y est trop sommaire, trop fragmentaire. En dépit de la noblesse du ton, ces pages prêteraient donc à mille confusions. » Cf. *CSW*, t. X, n° 3, sept. 1987, p. 237.

CHAPITRE VIII

Entre le malheur et la joie

Simone Weil avait pour vocation de comprendre. Pour tenter de résoudre la contradiction – l'écartèlement, plutôt – entre le nécessaire et le bien[1], qui la lancine et la poursuit jusqu'aux derniers mois de sa vie, elle va faire usage de la notion de moyenne proportionnelle, et donc de médiation (fruit de sa récente relecture du *Timée* dans ses séquences sur la mathématique présidant à la création du monde), qui lui fait entrevoir la possibilité de donner corps à l'Incarnation de la deuxième personne divine, vrai Dieu et vrai homme.

I. – Une hardiesse de la pensée

Un questionnement similaire, mais projeté à un niveau supérieur d'interrogation quant aux mystères divins, se met en place, au travers des catégories du malheur et de l'amour. Il vise non seulement l'examen de la possibilité de l'existence d'un homme-Dieu, mais le mystère – et le scandale – de la Crucifixion, ce malheur absolu posé comme clef du salut. Ce questionnement va faire l'objet d'un grand texte, « L'amour

1. Thème emprunté à *La République* de Platon (VI, 493c), où est soulignée la question de savoir de « combien diffèrent l'essence du nécessaire et celle du bien ». Cette formule est reprise pas moins de neuf fois dans les *Cahiers VIII et IX* de février et mars 1942.

de Dieu et le malheur[1] », rédigé à la jointure du grand départ pour l'Amérique, où quelque chose de la fin se pressent déjà.

Cet essai, chef-d'œuvre étrange et grandiose à la fois, est à mettre en étroite connexion avec la correspondance que Simone Weil entretint avec le poète Joë Bousquet entre avril et mai 1942. On sait qu'une blessure vers la fin de la Grande Guerre le priva de ses membres inférieurs, le condamnant à mener jusqu'à sa mort une vie « crucifiante » d'alité. « Heureux – osa-t-elle écrire – ceux pour qui le malheur entré dans la chair est le malheur du monde lui-même à leur époque[2]. » Avec une incroyable hardiesse de pensée, elle fait du malheur une voie d'accès privilégiée à la vérité (car il ne ment pas) et à la vraie vie. Elle sut trouver les mots pour exprimer cela dans une déclaration sublime dans sa force et sa simplicité, mais qui appelle quelques éclaircissements, ce terme de « clef » qu'elle utilise ici (les deux clefs n'en formant de fait qu'une seule, la porte ayant deux faces) émanant pour elle du concept d'harmonie « qui maintient ensemble les contraires ». La clef une fois tournée permet de passer la porte. Cet adage – « l'harmonie est l'unité des contraires », que Simone Weil emprunte au pythagoricien Philolaos[3] – est constamment repris par la

1. Bien que seule la première partie de ces pages ait paru dans *Attente de Dieu*, il s'agit là d'un texte rédigé presque d'une seule coulée. Les continuels atermoiements au sujet du départ, sans cesse reculé, expliquent cet effet de découpage en deux parties. Le texte donné au père Perrin à la fin d'avril 1942 fut poursuivi presque aussitôt.

2. *Simone Weil et Joë Bousquet. Correspondance 1942. « Quel est donc ton tourment ? »*, Paris, Éditions Claire Paulhan, 2019, p. 141.

3. Cf. Les *Fragmente der Vorsokratiker* qu'elle avait récemment redécouverts. Le dernier tiers des *Intuitions préchrétiennes* est consacré aux commentaires des fragments présocratiques rédigés lors de l'escale à Casablanca. Simone Weil possédait à Marseille l'édition de

philosophe, qui en fit le socle le plus constant de sa métaphysique religieuse. Dans la grande lettre du 12 mai 1942, elle écrit à Joë Bousquet :

> Je suis convaincue que le malheur d'une part, d'autre part la joie comme adhésion totale et pure à la parfaite beauté, impliquant tous deux la perte de l'existence personnelle, sont les deux seules clefs par lesquelles on entre dans le pays pur, le pays respirable ; le pays du réel.

Dans le même temps, ces lignes condensent un réseau de pensées allant toutes dans le même sens, qu'il s'agisse de l'évocation (maintes fois répétée dans les *Cahiers* de 1942) de Job sur son fumier à qui fut révélée la beauté du monde, mise à nu et délestée du brouillard des valeurs mensongères, ou encore celle de la porte (dans le poème portant ce nom) qui, en s'ouvrant, révéla « l'espace immense où sont le vide et la lumière », soudain présent de part en part et comblant le cœur. Toutes les pages qui furent rédigées pendant le dernier mois précédant le grand départ (c'est-à-dire tous les textes d'*Attente de Dieu* et la quasi-totalité du volume des *Pensées sans ordre*[1]) convergent vers cette suprême synthèse, fruit d'une tension extrême et qui prend une valeur testamentaire. On serait en droit ici d'user de l'image d'une cime étincelante émergeant des nuées.

Diels (1922), mais pour la commodité du lecteur, on donne en *OC*, t. IV, vol. 2 (où le texte grec est suivi de sa traduction) la référence à la 6e édition (Hermann Diels et Walther Kranz) qui fait autorité, à savoir : D K 44 B 6.

1. À l'exception d'« Israël et les Gentils », qu'il faut dater de New York, et des deux derniers textes, « Théorie des sacrements » et « Profession de foi » (ou « Dernier texte »), qui sont londoniens.

II. – Où la mystique se dévoile

Les notions de malheur et de joie, ici opposées puis conjointes (le malheur n'ayant pas de sens si l'idée du bonheur en est absente), sont à la source d'une joie paradoxale que le témoignage des grands « spirituels » vient corroborer. Cette joie – disent-ils, et Simone Weil la première – vient parfois traverser les ténèbres du malheur et l'illuminer.

Il importe ici, au premier chef, de rappeler l'importance des lettres échangées entre Simone Weil et Joë Bousquet. Ce dernier, qui possédait le don de l'écoute fine et compassionnée, sut entendre la détresse de la jeune femme et en pénétra le secret : « Vous payez durement la rançon de vos qualités morales. Vous n'avez pas assez de confiance en vous-même. » Et de lui délivrer ce conseil : « Je voudrais lire de vous des impressions mystiques ; et savoir [...] quelle est en vous la poésie de la foi[1]. »

Le texte du fameux « Prologue », ce poème en prose qui clôt le *Cahier XI* à la fin d'avril 1942 quand elle eut pris la décision de confier ses « cahiers de Marseille » à Gustave Thibon (et qu'elle recopia en tête du *Cahier* suivant[2]), laisse percevoir la première percée d'un secret : une rencontre dès l'abord brutale, puis une amitié aux accents édéniques, suivie d'un rejet faisant penser à l'image du « figuier stérile » qu'elle pensait être ; enfin un début d'aveu. Simone Weil s'y dévoile enfin ; elle a fendu l'armure.

1. *Simone Weil et Joë Bousquet. Correspondance 1942. « Quel est donc ton tourment ? »*, *op. cit.*, p. 102 et 104.
2. *Œ*, p. 794 puis 797. Voir aussi *Œ*, p. 806-807. Mais ce *Cahier XII* y est alors encore considéré comme inaugurant la série des « cahiers d'Amérique ».

Dans un second temps, le départ étant alors imminent (elle n'aurait pu s'y résoudre avant), vint le temps de la révélation de sa rencontre avec le Christ, laquelle – on le sait – eut lieu vers la mi-novembre 1939. Il s'agit de deux confidences rédigées très probablement le même jour, à savoir le 12 mai, à Joë Bousquet puis au père Perrin, dont les énoncés sont très proches quoique ordonnancés différemment. Dans la grande lettre à Bousquet, le récit de l'instant où la coquille est percée précède la révélation de la présence du Christ en elle, « analogue à l'amour qui transparaît à travers le plus tendre sourire d'un être aimé[1]. »

Dans l'« Autobiographie spirituelle » rédigée pour le père Perrin, les deux étapes du récit sont contigües : l'arrachement de la pensée à son corps par la récitation du *Pater*, puis la rencontre avec le Christ « présent en personne, mais d'une présence infiniment plus réelle, plus poignante, plus claire et plus pleine d'amour que cette première fois où il m'a prise[2] ».

Ici l'aveu est plénier ; mais Simone Weil n'ira pas plus loin. Lorsqu'elle écrit des pages destinées à être publiées, telles les « Formes de l'Amour implicite de Dieu » envoyées au père Perrin, elle substitue la figure d'Électre à sa propre personne[3]. Ou alors elle va

---

1. *Œ*, p. 775. Dans « L'amour de Dieu et le malheur », on retrouve une reprise quasi littérale de l'évocation de la percée : « Quand le silence de Dieu entre dans notre âme, la perce et vient rejoindre ce silence qui est secrètement présent en nous, alors [...] l'espace s'ouvre devant nous comme un fruit qui se sépare en deux, car nous voyons l'univers d'un point situé hors de l'espace. » Sans aucun doute, ce texte est strictement contemporain des deux autres. L'hésitation n'est plus permise. Les pages correspondant à la seconde moitié du texte firent partie des liasses réunies hâtivement par Simone Weil avant le départ du bateau. Ce sont donc bien des pages « retrouvées », comme l'indique Selma Weil.
2. *Œ*, p. 773.
3. *Œ*, p. 760-762.

évoquer pour Bousquet au sein du silence de l'espace « la parole secrète, la parole de l'Amour qui depuis l'origine nous a dans ses bras[1] ». Mieux encore : dorénavant, elle va faire disparaître toute évocation d'un contact avec un Dieu miséricordieux et aimant. Elle tient à gommer les « affects », c'est-à-dire ce qui a directement rapport à la sensibilité. Elle interroge bien plutôt le silence de Dieu en des termes qui trahissent une sorte d'exultation ; ainsi dans le grand texte qu'est « L'amour de Dieu et le malheur » :

> La Parole de Dieu est silence. [...] Le Christ est silence de Dieu. / Il n'y a pas d'arbre comme la Croix, il n'y a pas non plus d'harmonie comme le silence de Dieu. Les Pythagoriciens saisissaient cette harmonie dans le silence sans fond qui entoure éternellement les étoiles. La nécessité est la vibration du silence de Dieu[2].

Témoignant d'un art d'écrire accompli et jouant puissamment du contraste entre l'espace infini et le congédiement de la personne, Simone Weil fait ici allusion au célèbre adage de Pascal[3] (« Le silence éternel de ces espaces infinis m'effraie »), mais elle en retourne le sens et transmue l'effroi pascalien en l'éclat de triomphe du « pays respirable », du « pays du réel » de la grande lettre à Bousquet.

Brefs moments de « transfiguration » au sein d'un éther raréfié, réponse donnée à de rares élus, mais qui ne retirent rien à cette maxime des « Réflexions sans

---

1. *Simone Weil et Joë Bousquet. Correspondance 1942. « Quel est donc ton tourment ? »*, *op. cit.*, p. 139.
2. *Œ*, p. 715.
3. Pascal et ses *Pensées* sont très présentes durant ce mois qui précède le grand départ, mais ce dernier est presque toujours pris à revers. Il existe en effet un lourd contentieux de la philosophe à l'égard de ce génie qu'elle a lu et admiré dès sa très grande jeunesse.

ordre sur l'amour de Dieu » qu'on ne peut lire sans effroi et qui donnent à penser que Simone Weil se hâtait vers la mort : « Il faut choisir entre la vérité et la mort ou le mensonge et la vie[1]. »

III. – Le déchirement s'aggrave

La déchirure que Simone Weil pensait avoir réussi à refermer s'est rouverte. Le malheur est contradiction, écrivait-elle en février 1942 dans le *Cahier VIII*[2], et par là il est vivement senti comme une chose impossible, ajoutant qu'il en est de même de la joie pure. Cette notion d'*impossible* à laquelle la philosophe s'est heurtée toute sa vie constitue chez elle à la fois l'obstacle majeur de la pensée et un feu qui attise le désir de le surmonter.

Simone Weil va reprendre inlassablement ce questionnement sous la forme d'un « pourquoi » dans tous les textes de la période londonienne, qu'il s'agisse des pages de « La personne et le sacré », dont le déroulé est en quelque sorte scandé par cet adverbe, comme des variations autour d'un thème unique, ou qu'il s'agisse d'un paragraphe fameux de la grande lettre que la philosophe écrivit à Londres à Maurice Schumann : « J'éprouve un déchirement qui s'aggrave sans cesse, à la fois dans l'intelligence et au centre du cœur, par l'incapacité où je suis de penser ensemble dans le malheur des hommes, la perfection de Dieu et le lien entre les deux[3]. » Elle bute encore et toujours

---

1. *OC*, t. IV, vol. 1, p. 277. Dans « Formes de l'amour implicite de Dieu », c'est-à-dire au même moment, Simone Weil s'exprime à ce sujet en termes très proches. Voir *Œ*, p. 761.
2. *OC*, t. VI, vol. 3, p. 63.
3. *Écrits de Londres et dernières lettres*, Paris, Gallimard, « Espoir », 1957, p. 213.

sur la grande énigme qu'elle a énoncée en ouverture de « L'amour de Dieu et le malheur », s'étonnant que « Dieu ait donné au malheur la puissance de saisir l'âme elle-même des innocents et de s'en emparer en maître souverain[1] ».

On peut lire ici une reviviscence de ce désespoir qui fut – on le sait – l'une des raisons majeures de son décès prématuré.

1. *Œ*, p. 694.

CHAPITRE IX

Messages inaudibles

I. – La désillusion

Simone Weil parvint à gagner Londres après un énorme détour et d'innombrables démarches. L'aide de Maurice Schumann, son ancien condisciple dans la classe d'Alain au lycée Henri-IV, fut déterminante. Il la recommanda à André Philip, qui avait été nommé au commissariat à l'Intérieur. Ce dernier, qu'elle avait eu l'occasion de rencontrer à New York et qui avait lu avec admiration un grand nombre de ses articles, fit le nécessaire pour la faire venir à Londres.

Avait-on fait erreur sur la personne, comme le suggère Simone Weil elle-même dans la lettre de démission qu'elle fit parvenir à l'adjoint d'André Philip, Francis-Louis Closon, son supérieur hiérarchique direct, le 26 juillet 1943 ? Il semblerait que ce fût le cas. La présence de cette frêle jeune femme au sein de ce milieu entièrement masculin, agité d'ambitions multiples, divisé en factions rivales qui rendaient la situation confuse, sinon explosive (le général de Gaulle étant loin d'avoir gagné la partie), ne pouvait que déconcerter. On attendait qu'elle participât à la propagande et qu'elle apportât des idées de solutions *possibles*, en s'attaquant à des problèmes concrets, alors qu'elle semblait avoir chu d'un monde supraterrestre et prônait des visées *impossibles* pour ne pas dire utopiques, ne coïncidant en rien avec l'urgence du moment. Dans le même temps, elle n'avait qu'une idée en tête : obtenir une mission dangereuse et être parachutée en France. Ce qui lui attira de la part de Cavaillès cette remarque cinglante, quoiqu'il l'admirât : « C'est un cas d'une noblesse exceptionnelle, mais aujourd'hui il n'y a plus de cas. »

Un malentendu profond s'installa presque aussitôt. Avide d'exploits héroïques, elle ne sortit pas des bâtiments dans lesquels siégeait le commissariat à l'Intérieur de la France libre et où elle était placée sous les ordres d'André Philip. Dans *La France libre*, Jean-Louis Crémieux-Brilhac l'a dépeinte, travaillant dans un cagibi en retrait d'une annexe de l'hôtel particulier des 17-19 Hill Street, en terme peu flatteur : « C'est là – écrit-il – que Simone Weil, vagabonde sans baluchon, rédige *L'Enracinement* et imagine le régime futur d'une France d'utopie en se laissant mourir de faim[1]. » Elle travailla, sous l'immédiate responsabilité de Francis-Louis Closon, à la commission d'étude des mesures à prendre à la Libération ainsi qu'à la commission de « réforme de l'État » que présidait Félix Gouin. Une déclaration des droits et devoirs de l'homme et du citoyen sortit de ces travaux. Tel fut le cadre de l'immense travail que déploya Simone Weil pendant les quelques mois qui précédèrent sa mort. Les thèmes abordés dans la série d'essais et de rapports qu'elle rédigea dans ces circonstances, réunis dans les *Écrits de Londres*, furent tous, peu ou prou, repris dans l'immense coulée d'écriture que représente *L'Enracinement*, qu'elle rédigea en parallèle, sans qu'elle eût un instant l'espoir que l'ensemble fût lu ou connu. À peine arrivée à Londres, Simone Weil fut rejetée dans l'ombre : on ne savait comment l'employer…

1. Voir J.-L. Crémieux-Brilhac, *La France libre*, Paris, Gallimard, « Folio histoire », 2013, t. II, p. 1040.

II. – « La personne et le sacré[1] » : un renversement de vocabulaire

Simone Weil s'impliqua profondément dans ce projet d'une nouvelle déclaration des droits de l'homme souhaitée par de Gaulle. André Philip en avait présenté le programme sous la forme d'une « profession de foi » dans une conférence intitulée « Les fondements juridiques et sociaux de la Résistance française » prononcée à New York le 7 novembre 1942. Simone Weil y assista.

On saisit là l'origine précise – et factuelle – de ce texte considérable qu'est « La personne et le sacré ». André Philip n'a-t-il pas déclaré dans sa conférence que « les valeurs universelles sont entièrement centrées sur l'idée fondamentale du caractère sacré de la personne humaine » ? D'humeur batailleuse, Simone Weil immédiatement s'insurgea. En témoigne l'esquisse du texte qu'elle rédigea dès qu'elle eut mis les pieds sur le sol anglais et qui porte en titre « La personne humaine est-elle sacrée ? », ajoutant : « Faut-il garder le vocabulaire "personnaliste" ? » C'était récuser, non sans violence, l'énoncé de Philip, fondé à la fois sur la doctrine personnaliste d'Emmanuel Mounier, fort en vogue à l'époque et confortée par la pensée de Jacques Maritain qui était la sommité intellectuelle la plus écoutée en France et aux États-Unis où il s'est

1. Rédigé à Londres tout au début de l'année 1943, ce texte fut publié une première fois en 1950 dans la revue *La Table ronde*. Il ne prit son titre définitif qu'avec la publication, chez Gallimard, du volume des *Écrits de Londres et dernières lettres* dont il occupe les premières pages. Le titre retenu a probablement été proposé par la famille et les éditeurs en prenant appui sur l'intitulé de l'esquisse (« La personne humaine est-elle sacrée ? »).

trouvé bloqué par la déclaration de guerre. Allant plus loin, c'est l'expression des « droits de l'homme » elle-même qui, selon Simone Weil, repose sur deux notions insuffisantes : celle de personne et celle de droit, qui lui est intimement liée.

Cette philosophe réputée, à juste titre, pour la rigueur de ses analyses a donc décidé de procéder à une révision du vocabulaire ; car, écrit-elle d'entrée de jeu, « là où il y a une grave erreur de vocabulaire, il est difficile qu'il n'y ait pas une grave erreur de pensée ». Ce dont il est débattu dans ces pages porte donc sur le langage, ou, plus exactement le vocabulaire, c'est-à-dire les mots, leur usage et les questions qu'on est en droit de se poser à leur endroit : sont-ils adéquats ? les notions qu'ils recouvrent reposent-elles sur une définition claire ? peut-on pour certaines d'entre elles parvenir à concevoir ce qu'elles expriment ? Il ne s'agit, on s'en doute, que des notions les plus larges et les plus hautes, censées projeter le plus d'éclat, celles précisément que Simone Weil met bout à bout et énumère dans le sous-titre de son essai : « Collectivité – Personne – Impersonnel – Droit – Justice ».

L'entrée en matière est brutale, le vocabulaire cru. Simone Weil a fort probablement recherché cet effet « coup de poing ». Il ne s'agit pour elle de rien de moins que de retirer à la *personne* ses vêtements flatteurs pour mieux lui opposer l'*être humain* tel qu'il s'offre à nos regards, nu et sans apprêts, exposé comme nous le sommes tous aux aléas du malheur. Quant à la notion de sacré, elle s'articule elle aussi à la notion de malheur dont l'effet principal est de forcer l'âme à crier « pourquoi ». Cette éternelle question, martelée pas moins de quatre fois en quelques paragraphes, outrepasse le classique questionnement philosophique. Elle est la marque en creux de cette aspiration au bien, ou exigence du bien, qui est inscrite au cœur de tout homme et constitue à ce titre la seule preuve que l'on puisse avancer de l'existence de la perfection et par conséquent du surnaturel, ce que Simone Weil appelle ici le sacré. Puissamment conçu et savamment articulé, cet essai est construit en douze points, comme autant de points d'attaque tournant autour d'un thème central pour mieux en appréhender les attendus.

La dernière section de l'essai, consacrée au « pouvoir des mots », met en exergue « la vertu d'illumination et de traction vers le haut » de certains mots « auxquels correspond une perfection absolue et insaisissable pour nous ». Ils sont comme nimbés de silence. Simone Weil a emprunté au *Timée* de Platon l'image de l'homme assimilé à une plante aux racines célestes (90a), qui grandit et s'élève grâce à l'énergie puisée dans la lumière qui tombe continuellement du ciel. Ce n'est pas un hasard si, en marge de l'esquisse de « La personne et le sacré », Simone Weil a dessiné un arbre aux racines tendues vers le ciel.

Si cet essai impressionne par la force de conviction qui s'en dégage, il dérange aussi par l'étrange âpreté dans l'expression lorsqu'elle évoque la catégorie des privilégiés, qui s'allie à d'authentiques accents de compassion quand elle confronte ces derniers avec ceux qui, en bas de l'échelle sociale, n'ont pas de mots pour exprimer leur malheur. Sa beauté et sa puissance viennent de ce que Simone Weil y a repris et condensé les richesses et avancées de sa pensée, que ses méditations de l'année 1942 lui ont permis d'accumuler, plus particulièrement les grands textes qui se sont succédé – bousculés, pourrait-on dire – à l'approche du départ pour l'Amérique et durant l'escale de Casablanca, qu'il s'agisse des « Formes de l'amour implicite de Dieu », de « L'amour de Dieu et le malheur », des « Réflexions sans ordre sur l'amour de Dieu » ou même des « Pages pythagoriciennes », qui constituent la dernière partie grandiose des *Intuitions préchrétiennes*[1].

Dans le même temps, cet essai est une première rédaction de cette « profession de foi » qu'inclut son « Étude pour une déclaration des obligations envers l'être humain[2] », laquelle devra se poursuivre par une « Étude des besoins humains » et une « Déclaration des obligations », mais dans une tout autre tonalité : les pages de « La personne et le sacré » s'adressent à la sensibilité et cherchent à toucher par des moyens très contrastés, loin de ce ton solennel qu'on attend de toute déclaration officielle et qui est la marque de la première partie de *L'Enracinement*.

Néanmoins, comment ne pas voir dans l'image de l'arbre doublement enraciné et dans les pages de « La personne et le sacré » une entrée en matière programmatique de ce qui va devenir *L'Enracinement* ? Ce second « Grand Œuvre » n'a-t-il pas pour visée d'assainir l'âme d'un peuple vaincu, broyé par un affreux malheur commun à tous et bien réel (pas seulement métaphysique), de la régénérer et de la réenraciner, en lui infusant la lumière et la chaleur du « bien » et en travaillant à abolir ce qui « écrase les âmes sous l'injustice, le mensonge et la laideur », ces doublets diaboliquement inversés des mots lumineux et porteurs du bien pur que sont la justice, la vérité et la beauté ?

1. On notera qu'en chacun de ces textes est énoncé l'effet du malheur sur l'âme qui la force à crier « pourquoi ? ». Voir *Œ*, p. 625, 714-715 et 761 (« L'âme sait seulement d'une manière certaine qu'elle a faim. L'important est qu'elle crie sa faim ») et *Pensées sans ordre concernant l'amour de Dieu*, *op. cit.*, p. 44-45 (« crier qu'on a faim » ; « l'essentiel est de savoir qu'on a faim »).
2. *L'Enracinement*, *op. cit.*, p. 403-409.

III. – *L'Enracinement* : un testament

Ce que l'on a considéré longtemps comme un ouvrage venu d'une seule coulée (il en a en effet l'apparence, mais l'apparence seulement), *L'Enracinement* (titre choisi par l'éditeur de l'édition originale) forme un ensemble non homogène comportant trois moments distincts, répondant chacun à une finalité propre, mais non signalés comme tels sur le manuscrit.

Une première section consiste en une « déclaration fondamentale », prélude à une nouvelle « déclaration des droits de l'homme » souhaitée par le général de Gaulle. À cette section succède un essai théorique épousant la forme d'un diptyque qui articule des notions de déracinement et de réenracinement. Enfin, sortant résolument du domaine politique, Simone Weil déploie une méditation métaphysico-religieuse dans laquelle elle renoue avec les plus hautes pensées correspondant à la fin de la période marseillaise. Rédigé dans l'urgence et par vagues successives, ce texte est loin de posséder la clarté d'exposition d'un travail académique. Non construit, non relu, non corrigé, on serait en droit, sur le plan strictement formel, de le juger confus.

De plus, seul le manuscrit parvint aux Éditions Gallimard. Il a été transmis par les parents Weil à Boris Souvarine dès leur retour en France. Cet ami de la famille l'apporta à Brice Parain, lequel le confia à Camus qui le publia dans la collection « Espoir » en 1949. L'épaisse liasse ne comportait pas les premières étapes, demeurées à l'état dactylographié. Il fut publié tel quel et s'ouvre brusquement sur un recensement des « besoins de l'âme ». En 1943, après dix ans de maturation intérieure, elle cherche de nouveau à renouer « par-dessus l'idole sociale, le pacte de l'esprit avec l'univers » par lequel elle avait conclu les *Réflexions sur les causes de la liberté et de l'oppression sociale.*

Elle prend appui cette fois sur cette exigence de bien absolu qui habite au cœur de l'homme mais qui a sa source dans une réalité située hors du monde. En usant de cette périphrase, elle cherchait à rassembler tout homme, quelles que fussent ses convictions, derrière les aspirations chrétiennes. « La vraie mission du mouvement français de Londres est, en raison même des circonstances politiques et militaires, une mission spirituelle avant d'être une mission politique et militaire. » Remporter une victoire militaire est en soi insuffisant : ce serait remplacer un régime d'oppression par un autre. Il ne s'agit de rien de moins que d'« aider la France à trouver au fond de son malheur une inspiration conforme à son génie et aux besoins actuels des hommes en détresse »[1]. Avec ce second « Grand Œuvre », comme elle le nomme plaisamment quand elle en parle à ses parents dans sa lettre du 22 mai 1943, Simone Weil cherche à poser les bases d'une civilisation nouvelle qui abolisse « tout ce qui, dans la vie contemporaine, écrase les âmes sous l'injustice, le mensonge et la laideur ». C'était la conclusion, on l'a vu, de l'essai « La personne et le sacré ». Tout prend sa source dans la notion de sacré, et tout y converge.

Pour la première partie de l'essai, consacrée aux « besoins de l'âme », Simone Weil argumente de la façon suivante : « Le fait qu'un être humain possède une destinée éternelle n'impose qu'une seule obligation ; c'est le respect. L'obligation n'est accomplie que si le respect est effectivement exprimé, d'une manière réelle et non fictive ; il ne peut l'être que par l'intermédiaire des

1. *Ibid.*, p. 254 et 271.

besoins terrestres de l'homme[1]. » S'ensuivent quatorze entrées groupant et opposant deux par deux les notions correspondant aux besoins divers et complémentaires « qui sont vitaux, essentiels, analogues à la faim ». Simone Weil soumit ces quelques feuillets à son patron, André Philip, et à son supérieur direct, Francis-Louis Closon. Lus négligemment, semble-t-il, ils reçurent de leur part une bien pâle approbation (parfois contestatrice), comme le confirment les remarques notées en marge du manuscrit. Décontenancé, Philip finit par dire à la jeune femme : « Dégorgez-vous. » Elle ne fut pas dupe de ce propos, car cela semblait impliquer qu'elle serait *ensuite* disponible pour des choses sérieuses.

Aussi est-on amené à considérer que la deuxième partie de l'essai commence par l'indication d'un dernier « besoin », portant le numéro 15 et consacré à la notion d'enracinement[2]. Elle put ici « se dégorger » à loisir, ce qu'elle ne manqua de faire. Son essai fut en passe, dès lors, de prendre des dimensions considérables.

La dernière partie de l'ouvrage, devenue une méditation sur la force et l'obéissance, s'ouvre par des considérations sur l'art de la politique. Celui-ci suppose une analyse méthodique des forces en présence, et tout particulièrement des mécanismes de l'imagination collective (fondée sur des affects et des aspirations), qui permette de répondre aux procédés de l'adversaire en usant de moyens analogues, qu'il s'agisse de force, de prestige ou de ruse. L'idée la plus puissante, en même temps que la plus originale qu'elle développe concerne l'art de la propagande. Celui qu'elle préconise répond point par point à celle dont usa Hitler. Elle a lu attentivement *Mein Kampf*, qui consacre des chapitres entiers

1. *Ibid.*, p. 80.
2. *Ibid.*, p. 113.

à cette thématique, et elle n'hésita pas à écrire – non sans ironie – que Hitler avait apporté sur ce problème « une contribution durable au patrimoine de la pensée humaine ». Ayant profondément assimilé les principes de cet art, elle met en avant les éléments d'une méthode neuve reposant sur « l'utilisation méthodique et efficace de l'esprit de révolte », fondée sur la capacité à saisir les opportunités offertes, qui suppose une conscience affinée des moments où il convient d'agir. Simone Weil avait médité les ouvrages de Machiavel, ce « physicien du pouvoir politique », modèle dont elle s'inspire ici le plus étroitement. Elle conjugua ce modèle à celui qui est proposé à Arjuna dans la *Gîtâ* (agir sans chercher à recueillir les fruits de l'action) et à celui de Lawrence d'Arabie, qui sut reconnaître l'empire de la force tout en le méprisant et allier la lucidité et l'engagement.

Cependant dans la troisième partie de *L'Enracinement*, sa méditation repart sur les bases les plus anciennes et proprement fondatrices de sa quête philosophique, à savoir l'alternance et l'impossible conjonction des notions du nécessaire et du bien. Avec une vigueur remarquable chez cette jeune femme à bout de forces et que la mort guette déjà, elle concentre sa méditation sur la figure de Hitler, ce *Führer* aux hordes d'acier, sinistre agent de mort et de malheur au sein des ténèbres de ce temps maudit. Il représente, à titre de symbole, le point culminant de ce que la nécessité peut représenter sous les espèces de la force brutale. En l'espace d'une centaine de pages, le nom de Hitler va apparaître dix-sept fois ; et par trois fois elle va passer à l'attaque – osons l'expression – en appuyant son analyse sur quelques lignes qu'elle extrait de *Mein Kampf* :

> L'homme ne doit jamais tomber dans l'erreur de croire qu'il est seigneur et maître de la nature… Il sentira dès lors que dans un monde où les planètes et les

soleils suivent des trajectoires circulaires, où des lunes tournent autour des planètes, où la force règne partout et seule en maîtresse de la faiblesse qu'elle contraint à la servir docilement ou qu'elle brise, l'homme ne peut pas relever de lois spéciales[1].

Ces lignes (qu'elle avait déjà recopiées dans un *Cahier* de notes ancien) touchent Simone Weil en plein cœur. Pour cette philosophe férue de la doctrine stoïcienne de l'*amor fati*, c'était là une déclaration quasi blasphématoire. Elle n'aura de cesse qu'elle ne l'ait contrecarrée par des argumentations de plus en plus pressantes et passionnées qui scandent en quelque sorte la progression de sa pensée.

La première fois qu'elle cite l'extrait[2], et non sans causer de l'étonnement chez son lecteur, Simone Weil juge « irréprochable » le raisonnement de Hitler, car il est fondé, écrit-elle, sur une conception du monde qui a pris son essor au XVIIIe siècle (et qui a déjà sa racine chez Descartes). Puis elle assène : « Il n'y a qu'un choix à faire. Ou il faut apercevoir à l'œuvre dans l'univers, à côté de la force, un principe autre qu'elle, ou il faut reconnaître la force comme maîtresse unique et souveraine des relations humaines aussi. » Son argumentation repose sur la contradiction qui existe depuis quelques siècles entre la science et l'humanisme.

Par l'expression « conception du monde », Simone Weil entend la science moderne dont les succès fulgurants ne reposent pas, selon elle, sur ce qu'elle appelle l'esprit de vérité. S'ensuit une longue description de ce qu'elle avait appelé le « village des savants » dans son

---

1. Simone Weil a utilisé la traduction de J. Gaudefroy-Demombynes et A. Calmettes (voir A. Hitler, *Mon combat*, Paris, Nouvelles Éditions latines, 1934, t. I, chap. x : « Les causes de la débâcle »).
2. *L'Enracinement*, *op. cit.*, p. 294-295.

essai « À propos de la théorie des quanta[1] ». Reprenant les mêmes thèmes (esprit de fausse grandeur, recherche du prestige, effets de mode…), elle fait montre ici peut-être d'une plus grande férocité, les enjeux mettant en cause le cœur même d'une civilisation qui périclite. La satire est virulente. Le constat est accablant.

La deuxième fois qu'elle cite l'extrait de *Mein Kampf*[2], mais sans l'adage fameux de Descartes[3], Simone Weil renverse l'argument de Hitler : « Comment la force aveugle susciterait-elle des cercles ? Ce n'est pas la faiblesse qui sert docilement la force. C'est la force qui est docile à la Sagesse éternelle », introduisant par là les notions de limite et d'obéissance. La matière consent à l'obéissance par la vertu de l'amour, qui, s'inscrivant dans des limites consenties, est plus fort que la force.

Simone Weil revient une troisième fois à *Mein Kampf* en argumentant à partir de la première phrase de l'extrait, « L'homme ne doit jamais tomber dans l'erreur de croire qu'il est seigneur et maître de la nature[4] »… Le ton est cette fois triomphant. Elle prend position en se fondant sur le rapport entre la nécessité (qui détermine les forces ici-bas) et la pensée. « L'homme est une créature pensante. » Or « la nécessité est constituée par des relations qui sont des pensées[5] ». La conclusion s'impose d'elle-même : l'homme est du côté de ce qui commande à la force.

1. *Œ*, p. 584-587.
2. *L'Enracinement*, *op. cit.*, p. 336-337.
3. « Nous rendre maîtres et possesseurs de la nature » (*Discours de la méthode*, VI).
4. Cité in *L'Enracinement*, *op. cit.*, p. 342.
5. Cette assertion lapidaire mérite un éclaircissement. Si on se reporte à la section des *Intuitions préchrétiennes* consacrées à la doctrine pythagoricienne, le raisonnement devient limpide : « Les connexions nécessaires,

Elle opère enfin un ultime renversement. Certes, l'homme n'est pas seigneur et maître de la nature, et Hitler avait raison sur ce point, « mais il est le fils du maître, l'enfant de la maison ». Il a part à l'autorité comme la science et ses impressionnants résultats lui en donnent la preuve. Parvenue à ce point, Simone Weil exulte. Cette fois-ci, c'est à la seconde partie de « L'amour de Dieu et le malheur » que Simone Weil va emprunter, en la contractant, la double image : « Nous sommes les esclaves de la nécessité, mais nous sommes aussi les fils de son Maître [...], nous qui sommes les enfants de la maison[1]. » Ici, la philosophe s'inspire directement du texte de l'essai qu'elle avait joint à ses papiers en quittant la France[2].

Il existe en effet une étonnante similarité entre ces pages et les ultimes méditations de *L'Enracinement*. Sous la pression et la gravité des événements, pensée et sensibilité sont mêmement portées à leur comble. L'arrachement à la terre de France, qui marque la fin du séjour marseillais, et une fin, tragique, qui commence à se dessiner, doivent être rapprochés des extrêmes d'angoisse dans lesquelles Simone Weil se débat à Londres. Une différence cependant : ce travail de récapitulation auquel elle se livre alors qu'elle pressent que sa fin est proche, joue en quelque sorte le rôle que peuvent avoir

---

lesquelles constituent la réalité même du monde, n'ont elles-mêmes de réalité que comme objet de l'attention actuelle en acte. » Ce propos est repris à la page suivante, sous une forme resserrée mais quasi parfaite, quand est évoqué « le fait que la relation qui compose le tissu de la nécessité est suspendue à l'acte qu'opère notre attention » (*Œ*, p. 617-618). Certes ces pages pythagoriciennes ont été envoyées au père Perrin sitôt rédigées, mais Simone Weil en avait emmagasiné toute la richesse et l'audace.

1. *Œ*, p. 706.
2. Voir à ce sujet *supra*, p. 76.

en hydrographie les barrages et conduites forcées. Il s'agit là des conduites forcées de la pensée qui, dans le bouillonnement qu'elles induisent, donnent une puissance et un éclat incomparables à l'expression.

Simone Weil prend à témoin, en une suite d'éclairs brefs, les sommets atteints par les faces diverses de la sagesse et des textes sacrés des Anciens : « C'est la vérité qui éclate avec d'incomparables accents d'allégresse dans les parties belles et pures de l'Ancien Testament, en Grèce chez les pythagoriciens et tous les sages, en Chine chez Lao-tseu, dans les écritures sacrées hindoues, dans les fragments égyptiens[1]. »

Bientôt l'âme religieuse de Simone Weil et son esprit épris de rationalité vont se conjuguer et faire bloc. Certes, la mathématique, qui depuis toujours a occupé le centre de sa pensée, est ici prédominante. En privilégiant la moyenne proportionnelle (ou médiété géométrique en musique), elle a mis en relief la notion de médiation comme condition de possibilité de l'Incarnation. Elle y voit l'image du Christ, le Médiateur par excellence. Cependant, elle prend soin d'adjoindre à la mathématique la science de l'énergétique[2], en mettant l'accent sur le phénomène de la photosynthèse dans le domaine de la biologie végétale où elle voit, à travers l'action du soleil répandu universellement sur tous, l'image de l'Esprit ou *pneuma*, lequel signifie littéralement « souffle igné », souffle mélangé à du feu (qu'elle n'hésite pas à relier à la technique du « yoga respiratoire ») qui est fournisseur de vie[3]. « Ainsi ce n'est pas *seulement*[4] la mathématique, c'est la science

1. *L'Enracinement*, *op. cit.*, p. 337.
2. « La notion d'énergie est au centre de tout », *ibid.*, p. 153.
3. L'apôtre Paul (II Corinthiens, III, 6) use de l'expression *to pneuma zôopoiei* (« l'esprit insuffle la vie »), en l'opposant à « la lettre qui tue ».
4. Nous soulignons.

entière qui, sans que nous songions à le remarquer, est un miroir symbolique des vérités surnaturelles[1]. » Il faut voir là la conjonction du *logos*, source de « toute étude théorique, rigoureuse et pure de rapports nécessaires[2] » et de la Grâce qui engendre la Vie.

Simone Weil touche au but. De nouveau, la rigueur de la pensée scientifique envahit le champ de sa méditation. Contraignant sa pensée à aller jusqu'au bout, forçant la puissance raisonnante exceptionnelle de son esprit, l'obligeant à lui faire rendre raison, en quelque sorte, comme on dit que l'on fait « rendre gorge » à quelqu'un, Simone Weil fit entendre dans les dernières pages de son œuvre testamentaire une musique de grandes orgues, aux larges accords. Les étagements de sa pensée se compénètrent alors, formant un bloc compact, culminant dans cette formulation quasi mathématique : « C'est une seule et même chose qui relativement à Dieu est Sagesse éternelle, relativement à l'univers parfaite obéissance, relativement à notre amour beauté, relativement à notre intelligence équilibre de relations nécessaires, relativement à notre chair force brutale[3]. » Une semblable maîtrise de la pensée, du style et des affects n'est pas sans rappeler l'injonction de Spinoza qu'elle avait quelque dix années plus tôt placée en tête de son premier « Grand Œuvre », ses *Réflexions sur les causes de la liberté et de l'oppression sociale* : « En ce qui concerne les choses humaines, ne pas rire, ne pas pleurer, ne pas s'indigner, mais comprendre. » On perçoit cependant ici l'effet d'une exaltation, sinon étrange, du moins paradoxale.

---

1. *L'Enracinement*, *op. cit.*, p. 345.
2. *Œ*, p. 621.
3. *L'Enracinement*, *op. cit.*, p. 346.

IV. – Une vérité muette

A-t-elle percé le « grand secret » ? Rien n'est moins sûr. Dressée sur le bord vertigineux d'une fissure qui déstabilisait le socle d'une civilisation millénaire, Simone Weil se heurta à l'énigme de la condition malheureuse des hommes. Sa génialité, hantée par l'héroïsme et visionnaire, s'impose : elle est lumineuse et pure, mais le masque est tragique.

Dans une espèce de paix transcendant sa détresse, Simone Weil confronte son sort à celui de l'héroïne muette du « Conte des six cygnes » dans Grimm. « La vérité et le malheur sont [...] muets », écrit-elle dans le « Carnet de Londres ». C'est bien de cette situation tragique, qui est celle des fous de Shakespeare et de Velasquez – ne pas être entendue quand on a conscience de posséder « de la vérité » – qu'elle entretient ses parents dans l'avant-dernière lettre qu'elle leur envoie le 4 août 1943. Elle allait mourir quelques jours plus tard. Elle n'avait que trente-quatre ans.

V. – Cohérence d'un parcours, cohérence d'une pensée

On ne s'étonnera pas de retrouver dans cet ensemble londonien les grandes lignes directrices du programme de vie qu'elle avait énoncées quelque vingt années plus tôt, à l'âge de quatorze ans, mais portées à une altitude qui donne le vertige. Cette pureté de feu et de glace d'un esprit supérieur détaché de tout ne pouvait que la tenir éloignée d'un entourage qui n'était pas à sa mesure. Le mot-phare par excellence, la « vérité » et son opposé, le « mensonge », règnent en maître dans les écrits londoniens. Dans *L'Enracinement*, elle en rappelle l'importance en usant de la notion de *Mâat*, notion centrale dans la religion égyptienne et qui signifie à la fois « vérité » et « justice ». Au plus haut de sa méditation (la mort se fait proche), Simone Weil va évoquer l'« esprit de vérité » ou le « souffle de vérité » (expressions reposant sur le terme grec *pneuma*) ou, mieux encore, l'« énergie de la vérité » ou « la vérité comme force agissante »[1], « vraie comme la mort et vivante comme la vie[2] ».

La notion de méthode et son corollaire, la rigueur, apparaissent à tout instant dans son « second "Grand Œuvre" », notamment « pour insuffler une inspiration à un peuple ». Ce sont des méthodes qui sont, écrit-elle, « d'une rigueur mathématique[3] ». « Tout dans la création est soumis à la méthode, y compris les points d'intersection entre ce monde et l'autre. C'est ce qu'indique le mot *Logos* qui veut dire relation plus encore que parole[4]. » Simone Weil *aei geômetrei* – est toujours géomètre –, assurément, mais en incluant les sciences de la nature et la biologie.

En ce qui concerne l'égale dignité des êtres humains, elle reprend, dans les pages de « La personne et le sacré » – le tout premier texte qu'elle a rédigé à Londres – une opposition du génie et du talent dont on sait qu'elle l'habitait depuis l'adolescence, mais dont elle radicalise ici l'expression, posant une équivalence entre le génie le plus éclatant et l'idiot de village : « Il faut encourager les idiots, les gens sans talent, les gens de talent médiocre ou à peine mieux que moyen, qui

1. *Ibid.*, p. 307.
2. *Ibid.*, p. 303.
3. *Ibid.*, p. 346.
4. *Ibid.*, p. 245.

ont du génie. Il n'y a pas à craindre de les rendre orgueilleux. L'amour de la vérité est toujours accompagné d'humilité[1]. » Cet essai, qui porte au pinacle l'alliance de la vérité et du malheur, livre, nous semble-t-il, la clef ultime de la vie et de la pensée de Simone Weil en leur assurant cette cohérence qui leur fut si souvent refusée. Ces pages, en effet, à la fois féroces et emplies de compassion, expriment éloquemment ce qui fut le souci de la philosophe depuis son adolescence et tout au long de sa courte vie, à savoir celui du sort inique réservé à la cohorte innombrable de ceux qui ploient sous le malheur et dont la plainte n'est pas perçue. Ce qu'elle résume en un trait saisissant lorsqu'elle évoque « la vérité et la justice à la langue coupée[2] ». Un seul combat, une même lutte, court d'un bout à l'autre de la courte destinée de la philosophe.

L'effort d'attention perpétuel ? On a vu qu'elle l'exerça à la lettre et que cette tension, qui jamais ne l'a quittée, engendra chez elle de torturants maux de tête. Ce déni des besoins du corps eut de funestes conséquences : on peut y voir l'une des causes de son décès précoce.

Quant au « royaume de la vérité réservé au génie », ne doutons pas qu'elle y ait pénétré. Assurément, Simone Weil fut visitée par le génie, ce génie d'une espèce particulière qu'elle sut magistralement définir, cinq ans plus tôt, en l'opposant, là encore, au talent, dans une lettre adressée à un étudiant anglais d'Oxford rencontré à Solesmes lors de la Semaine sainte de l'année 1938 : « Genius is distinct from talent, to my

1. « La personne et le sacré », in *Écrits de Londres et dernières lettres*, *op. cit.*, p. 31. Voir aussi l'édition donnée par Thomas Bourdier et préfacée par nos soins : Paris, RN éditions, 2016, p. 42. Voir également *OC*, t. V, vol. 1, p. 212-236.
2. *Ibid.*, respectivement p. 38, p. 50 et p. 227.

mind, by its deep regard and intelligence for the common life of common people – I mean people without talent. The most beautiful poetry is the poetry which can best express, in its truth, the life of people who can't write poetry. Outside of that, there is only clever poetry. The soul of genius is *caritas*, in the Christian signification of the word ; the sense that every human being is all-important. That, at least, is my creed[1]. »

Un génie chrétien par conséquent, fondé sur le sentiment que tout être humain possède une importance extrême.

---

1. « Le génie se distingue du talent, à ce que je crois, par le regard profond qu'il jette sur la vie ordinaire de l'homme ordinaire – je veux dire sans talent –, et l'intelligence qu'il en a. La plus belle poésie est celle qui est capable d'exprimer, dans sa vérité, la vie des gens qui ne peuvent écrire de la poésie. Hors de cela, il n'y a que de la poésie habile ; et les êtres humains peuvent très bien se passer de poésie habile. L'habileté suscite l'aristocratie de l'intelligence ; l'âme du génie est *caritas* selon la signification chrétienne du mot ; à savoir le sentiment que tout être humain possède une importance extrême. Du moins, c'est ce que je crois » (lettre restée inédite en France et publiée, en fin d'ouvrage, in F. de Lussy [dir.], *Simone Weil. Sagesse et grâce violente*, Paris, Bayard, 2009, p. 297-305).

CHAPITRE X

Excès et errements

Qu'une personnalité dotée d'une intelligence acérée, d'une volonté indomptable et qui traversa la vie tel un astre incandescent, laisse apparaître quelques zones d'opacité n'a rien en soi qui doive surprendre.

Deux pistes se dessinent, qui seront brièvement évoquées. L'une laissera percevoir l'effleurement d'une surestimation de soi. L'autre, qu'il est plus douloureux d'explorer, tentera de mettre au jour les errements d'un antijudaïsme exacerbé.

I. – La tentation de l'orgueil

1. **La position surplombante de l'élu.** – Simone Weil se savait prédestinée. Dans les lettres qu'elle écrit au père Perrin, à qui elle voua une réelle affection, le mot « vocation » revient souvent, ainsi que le sentiment d'une volonté de Dieu à son égard. Pour accepter le baptême que le père lui offre de grand cœur, il lui faut attendre « d'en avoir reçu l'ordre », et s'y sentir irrésistiblement poussée. Se croyant élue, elle se réclame d'un rapport direct avec Dieu, à l'instar de ce que saint Paul écrit dans sa lettre aux Galates. Par là, l'élu court-circuite les médiations habituelles. Qu'on se souvienne, à cet égard, de l'impertinence que recèlent ces mots de Simone Weil dans la grande lettre du 12 mai 1942 à son ami dominicain : « Vous ne m'avez pas apporté

l'inspiration chrétienne ni le Christ ; car quand je vous ai rencontré cela n'était plus à faire. »

Celui qui, comme Simone Weil, a reçu la grâce « extraordinaire » d'une révélation, « se tient résolument devant les autres avec sa révélation pour seule garantie », en courant « le risque de prendre son monologue intérieur pour un dialogue avec Dieu »[1]. Il occupe, par conséquent, une position surplombante.

Dans la dernière section « Amour implicite et amour explicite » de l'essai sur les « Formes de l'amour implicite de Dieu », Simone Weil, sous le couvert d'une feinte neutralité, évoque, six fois en l'espace de quelques pages « l'aventure d'Électre », à savoir « le contact direct entre l'âme et Dieu ». Ici, la tentation de l'orgueil affleure. Simone Weil en était d'ailleurs consciente, puisqu'elle admet, dans une lettre au père Perrin, qu'il y aurait « folle présomption à admettre qu'on puisse être une exception ».

Dans la très longue missive qu'elle écrivit de Londres à Maurice Schumann, le thème de sa vocation particulière revient avec une insistance appuyée. Il semblerait que son correspondant ait réagi en soupçonnant une affectation de sainteté. Se lit ici de nouveau l'affleurement d'une surestimation de soi.

2. **Une volonté d'effacement trop volontaire.** Celui (ou celle) qui a le sentiment d'avoir reçu « une visite personnelle de son maître » ne peut que ressentir son indignité face à cette grâce insigne et se doit d'adopter en retour une stratégie d'abaissement.

---

1. On a suivi ici les articulations de l'excellente contribution de Philippe Chevallier (« L'extraordinaire au risque de l'éthique dans *Le Livre sur Adler* ») à l'ouvrage collectif *Søren Kierkegaard. Pensée et problèmes de l'éthique*, édité par A.-C. Habbard et J. Message, Villeneuve-d'Ascq, Presses universitaires du Septentrion, 2009.

L'abandon de la volonté propre et l'annihilation du « je » furent âprement recherchés par Simone Weil. En réponse à la folie d'amour de Dieu qui, en créant le monde, consentit à réduire sa puissance, elle donna à cette opération de détachement le nom de « décréation ». En créant ce vide, Simone Weil donnait corps à cette pensée sublime consistant à vouloir disparaître « afin que ces choses que je vois deviennent, du fait qu'elles ne seront plus choses que je vois, parfaitement belles[1] ». Création et Créateur pourront alors « échanger leurs secrets ». C'était là nourrir l'espérance d'avoir accès à cette présence nue, lumineuse et échappant au temps dont parlent les derniers vers du poème « La porte ». La pensée du *tao* est manifestement sous-jacente ici. Cependant, chez cette philosophe proche de la pensée des mystiques rhénans qu'elle aimait à méditer, cette recherche du « rien » dans le détachement (l'*Abgescheidenheit* d'Eckhart) ne peut faire oublier que l'on maintient le « je » en position de suprématie. On ne peut se décerner à soi-même la dernière place. On ne peut qu'y être mis par les autres.

Ce goût de s'anéantir, cette recherche constamment affichée de la dernière place, cette humilité ardemment revendiquée, ne pouvaient manquer d'attirer l'attention de maints penseurs qui usèrent à l'égard de la jeune philosophe de propos de bon aloi, certes, mais non dénués d'ironie. Stanislas Breton, dans son article intitulé « Simone Weil l'Admirable » (faisant ainsi allusion à Ruysbroeck l'Admirable), laissa fuser cette formule que la philosophe « tenait à sa lucidité plus encore qu'à sa ferveur ». Même son de cloche chez Jean Guitton, lequel, dans un article du *Figaro*, indique que Simone Weil était de « la race des héros »,

1. *OC*, t. VI, vol. 3, p. 60 et 109.

avant d'ajouter : « pour être de celle des saints, il lui manquait peut-être un peu de tendresse pour elle-même, un peu moins d'anarchie, un peu moins d'orgueil pour son humilité ».

Préfaçant un petit livre que Marie-Madeleine Davy consacra à Simone Weil en 1956 aux Éditions universitaires, Gabriel Marcel alla droit au but. Se scandalisant du rejet par Simone Weil de l'héritage d'Israël, il lui fit grief de perdre la notion de tout ce qui la séparait des Grecs, à savoir « une démesure essentielle, la passion de la transcendance, une humilité qui confine à la haine de soi – et par là même à l'orgueil ».

Humilité, haine de soi, orgueil : dans ces trois mots gît la clef des errements, embarrassants et même graves, qui ont pour effet d'affaiblir le témoignage qu'offrent à la fois la vie et la pensée de la philosophe.

II. – Un rejet du judaïsme

La violence chez Simone Weil de son rejet du judaïsme s'est exprimée par diverses voies. Rejet de l'Ancien Testament – on l'a vu – mais aussi rejet de ses origines et du *fait* même d'être juive. Les justifications qu'elle a pu donner de cette détestation ne sont pas tenables et consistent le plus souvent à tenter de contourner ce qui, pour elle, ressemble à un obstacle.

L'exemple le plus flagrant du malaise qu'engendre cette tactique de faux-fuyants reposant sur des ruses du raisonnement se trouve dans une lettre, écrite de Toulouse durant l'exode en août 1940, à une ancienne élève du lycée de Roanne, Huguette Baur, qui lui proposait de l'héberger ainsi que ses parents dans une propriété familiale. Touchée, mais résolue, Simone

Weil refuse. Le cœur de l'argumentation qu'elle déploie se résume en ces quelques lignes : après avoir évoqué l'imminence « d'une forme plus ou moins accentuée de racisme », elle écrit ceci : « Je me trouverai, en ce cas, au nombre des parias. Tout bien pesé, je le regrette ; souffrir pour quelque chose qu'on n'a pas choisi et à quoi on n'est pas attaché semble stupide. Mais enfin le fait est que j'en serai. Je n'ai aucun moyen de m'y soustraire[1]. »

De la lecture très fine qu'effectua Joël Janiaud des paradoxes et ambiguïtés que contiennent ces propos, on retiendra cette conclusion : « Simone Weil se tient tout à la fois dans la communauté juive et en dehors d'elle, avec une égale détermination[2]. »

Elle aggrave son cas quelques mois plus tard – elle est alors à Marseille – dans une lettre à Boris Souvarine à qui elle tient ces propos extravagants, à propos des thèses soutenues par Charles Autran sur des arguments linguistiques : « Si je croyais descendre des Phéniciens, j'aurais une conscience de race et revendiquerais vigoureusement pour cette race le titre de supérieure. Au lieu que je suis paralysée par le sentiment qu'on m'accuse [du fait des lois de Vichy] de descendre de gens qui n'ont rien trouvé de mieux à donner à l'humanité que Jéhovah[3]. »

Comment dès lors ne pas mettre au passif de Simone Weil le compte rendu (demeuré manuscrit) qu'elle rédigea au début de ses mois londoniens, d'un très long article de la revue d'extrême droite de l'OCM,

1. *Œ*, p. 969.
2. Voir J. Janiaud, *Singularité et responsabilité. Kierkegaard, Simone Weil, Levinas*, Paris, Champion, « Travaux de philosophie », 2006, et particulièrement chap. III, « Stratégies de l'abnégation ».
3. Voir « Lettre de février 1941 », in C. Jacquier (dir.), *Simone Weil. L'expérience de la vie et le travail de la pensée*, *op. cit.*, p. 42.

Les Cahiers. Études pour une révolution française ? Cet article, premier fascicule daté de juin 1942, qui concerne essentiellement les Juifs français, est ignominieux et soulève le cœur. Elle n'en prit pas le contrepied. Raymond Aron avec qui elle s'était entretenue à Londres et qui eut probablement connaissance de ce texte en fut choqué et ne put se résoudre à la disculper : « Sa proposition, fût-elle conditionnelle, d'interdire les mariages non mixtes afin d'éliminer le judaïsme équivaut à une volonté d'ethnocide[1]. »

Parmi les nombreux comptes rendus que George Steiner donna à la revue *The New Yorker*, l'un d'eux, écrit en 1992, est consacré à l'ouvrage de Thomas R. Nevin, *Simone Weil. Portrait of a Self-Exiled Jew*, récemment publié. Ce compte rendu, qu'il intitule « Bad Friday[2] », est sévère mais proche de la vérité. Le grand critique admire la philosophe : « Simone Weil fut, sans conteste, la première femme parmi les philosophes. » Puis il ajoute en concluant : « Elle fut aussi une *schlemihl* transcendante. » Ce mot issu du yiddish qui évoque un individu malchanceux semble en effet s'accorder assez bien à l'histoire de celle qui rejeta sa judéité avec opiniâtreté et violence, ne réussit pas à s'insérer dans le tissu de la France libre à Londres et mourut misérable et seule dans un hôpital du Kent. On ne peut pas ne pas songer ici au conte fameux d'Adelbert von Chamisso, *Peter Schlemihl, l'homme qui avait perdu son ombre*. Cette jeune femme avait, elle aussi, perdu son ombre…

1. R. Aron, *Mémoires*, *op. cit.*, p. 514.
2. Voir un choix de ces comptes rendus, in G. Steiner, *George Steiner at The New Yorker. Essays*, New York, New Directions, 2009 (traduit sous le titre *Lectures. Chroniques du « New Yorker »*, Paris, Gallimard, 2010). Dans la traduction de P.-E. Dauzat, l'intitulé de l'article consacré à Simone Weil devient, en jouant sur les mots, « Vendredi mal-saint ».

Dans ce même article, George Steiner juge « longue et déroutante » l'histoire de la haine de soi juive. Le rapprochement qu'il effectua avec Wittgenstein, lequel rejeta aussi sa judéité, est très instructif. Plus instructive encore la proximité qu'il décèle avec Franz Kafka (« autre cousin en esprit »), soulignant une commune rectitude analytique, de semblables scrupules logiques et un même questionnement compatissant. Il voit là d'ailleurs « l'exploitation de quelque veine de folie ». Le mot ici peut effrayer, mais il n'est pas sans faire songer à cette remarque de Simone Weil dans l'avant-dernière lettre qu'elle trouva la force d'écrire à ses parents le 4 août 1943 (quelques jours avant sa mort), à propos des fous de Velasquez : « On sait bien qu'une grande intelligence est souvent paradoxale, et parfois extravague un peu… » En l'occurrence – on n'en peut douter – Simone Weil a extravagué lourdement.

CHAPITRE XI

Un personnage, une écriture

I. – Un personnage aux traits accusés

Ce qui frappa dès l'abord tous ceux qui ont connu Simone Weil était la hauteur de son âme et de son esprit. Une hauteur qui donne le vertige. Cette étrangeté qu'on lui reconnaissait avait pour effet d'éloigner d'elle les esprits qui n'étaient pas de son gabarit. On la redoutait. Cependant, lorsqu'elle prenait la parole, le brouhaha des discussions s'effaçait et on l'écoutait. Outre son extraordinaire puissance intellectuelle et l'honnêteté implacable de ses analyses, il se dégageait d'elle une force quasi surhumaine.

On se doit d'évoquer – comme cela a été fait maintes fois, mais il faut le répéter – sa brusquerie, son intransigeance, sa radicalité. Elle était inflexible dans ses résolutions et sa force de volonté effrayait. Ne songeant pas à plaire, elle n'épargnait personne et pouvait être blessante, surtout dans les premiers temps de sa vie d'intellectuelle engagée. Son contemporain Claude Jamet, qu'on a évoqué plus haut, usa d'expressions très imagées à ce sujet : « Elle sabre tout d'un mot ; elle s'avance à travers un massacre d'idées et d'idoles. »

Ajoutons à ces traits une invincible *libido sciendi* : elle cherchait à tout connaître, à s'emparer de tout ce qui était susceptible d'être compris et maîtrisé avec tous les outils que lui offrait la culture du temps, cette avidité intellectuelle à connaître se doublant d'un regard inquisiteur qui traversait la vie des autres pour y puiser des nourritures pour sa pensée. Ce regard pouvait troubler : il perçait des secrets.

C'était un être impétueux et passionné, habité par le feu, et par là non dénué de violence. Ce mot signe l'une des principales caractéristiques de sa personne (mais non pas toutes). Après qu'elle eut franchi le « passage » par lequel devait se clore la première étape de son parcours, elle perdit beaucoup de cette âpreté. Elle devint plus douce, et même capable de tendresse. Mais le feu de son intelligence n'en continuait pas moins de brûler.

En relisant les classiques grecs, Platon, bien sûr, mais aussi les grands tragiques (et même les présocratiques, qu'elle redécouvrit, tel Héraclite et un fameux fragment orphique), elle se fixa très naturellement sur les mythes de la Caverne dans la *République* et celui de l'âme ailée dans le *Phèdre*, commentant le supplice des captifs lors de leurs tentatives d'ascension hors de la caverne et les mille tortures de ces âmes qui cherchent à s'élever au-dessus du ciel. Ces commentaires étaient destinés à ceux qui, dans la crypte du couvent des Dominicains à Marseille, venaient suivre les conférences qui prendront par la suite le nom, parfaitement évocateur de sa quête des choses divines, de « Dieu dans Platon ». La violence est partout présente dans les textes qu'elle commente. « La conversion est une opération violente et douloureuse, un arrachement, et elle comporte une quantité irréductible de violence et de douleur à laquelle il est impossible de rien retrancher », écrit-elle à propos des captifs de la caverne. Aussi, lorsqu'elle entreprend de traduire les vers 173-183 d'un des chœurs de l'*Agamemnon* d'Eschyle dans le *Cahier VIII* en février 1942, elle s'arrête sur les mots de « *charis biaios* » et, après quelques tâtonnements, traduit avec la force et le génie de traductrice qu'on lui connaît, l'expression par « grâce violente[1] ».

Bien des traits qu'on lui connaît sont à mettre au compte de sa judéité, qu'elle refusait cependant si violemment. On peut relever, comme certains l'ont fait, un acharnement dans la lutte, une capacité à défendre opiniâtrement un point de controverse, faisant difficulté de tout (bien qu'elle détestât les *pilpoul* talmudiens[2]). Il n'est que justice cependant de souligner ce qui, chez elle, la relie par héritage maternel aux traditions hassidiques de l'Europe centrale. Son ardente charité, une rare empathie envers les humbles et les humiliés, apte à entendre, venue du fond des âges, cette plainte qui témoigne de la race malheureuse des hommes, plaident fortement en ce sens. Amour du prochain, certes ; mais aussi amour de Dieu apparu très tôt, mais ne se connaissant pas comme tel. Jean Hyppolite, qui appartint à la même promotion normalienne (1924) que Raymond Aron, Jean-Paul Sartre ou Georges Canguilhem, et qui était à peine plus âgé que Simone Weil, a témoigné magnifiquement de cette ferveur. C'était en 1925 et Simone Weil était en khâgne : « Comment oublier les moments où elle parlait de Spinoza ? Il y avait une espèce d'ivresse de Dieu, dans cette découverte de Spinoza, une passion de l'absolu qui était fondamentale chez elle[3]. »

Quelque chose de prophétique en sus, chez cette fille d'Israël qui avait la vocation de faire entendre la

---

1. *OC*, t. VI, vol. 3, p. 69.
2. Sorte de gymnastique intellectuelle consistant à démontrer que les contradictions peuvent n'être qu'apparence.
3. Voir *CSW*, t. IV, n° 2, juin 1981, p. 122.

vérité muette de tous et qui était mue par une démesure essentielle : une figure de l'excès, en somme.

II. – Un style, une écriture

Le contraste est étonnant entre le frein qu'elle s'impose dans l'écriture et l'admirable essor qui l'anime.

Dans ses écrits, Simone Weil se montre étrangère à toute rhétorique, à toute recherche de l'effet et du succès. Non pas qu'elle soit insensible aux beautés de la littérature – elle goûte au plus haut degré certains poètes comme Villon, Maurice Scève ou Théophile de Viau –, mais elle refuse de se laisser emprisonner par les complaisances que se permet trop souvent la littérature. Elle ne vise jamais l'éloquence.

Pour évoquer l'écriture de Simone Weil, il convient de distinguer deux périodes : celle des années militantes et celle du « grand passage », qui conduisit à un autre mode de penser et donc d'écrire.

Déjà en khâgne, dans les « topos » qu'elle remet au « maître », elle use d'une langue très abstraite, sèche et rude ; Alain lui-même lui reprochera cette aridité. Succéderont les nombreux articles qu'elle fait paraître dans des revues « engagées », qu'on appellerait maintenant de gauche ou d'extrême gauche. On y retrouve cette écriture tranchante et abrupte dont on ne peut qu'admirer la force d'impact. Pour évoquer le grand essai rédigé par Simone Weil en 1934, *Réflexions sur les causes de la liberté et de l'oppression sociale*, Huguette Bouchardeau se sert d'une expression particulièrement puissante : selon elle, « Simone Weil écrit au burin la société des années trente[1] ».

1. Voir H. Bouchardeau, *Simone Weil. Biographie*, Paris, Julliard, 1995, p. 132.

Avec le second moment de son parcours, on est frappé par la transparence et le dépouillement, en même temps que par la densité et la tension qui jamais ne se relâche, de l'écriture de la philosophe. Avec un propos toujours maîtrisé et un usage précis du langage qui sont les agents d'une pensée parfaitement articulée, elle tend vers une perfection qu'on pourrait qualifier de classique si l'on n'y trouvait une certaine lourdeur qu'entraîne chez elle un souci extrême d'exactitude. Cela est confirmé par le témoignage de certaines de ses élèves concernant sa façon d'enseigner. Sa voix était neutre, assez terne même. Elle parlait lentement mais avec le souci de choisir précisément ses mots.

On doit aussi, par analogie, mettre en parallèle le tracé de son écriture, si remarquablement net et régulier, qu'elle a adopté dès les premiers mois de la khâgne à la suite d'une remarque que lui avait faite Alain, et qui ne subira aucune évolution jusque dans les derniers mois de sa vie. Une « voix » et un tracé immédiatement reconnaissables…

Ce style très pur qui est maintenant le sien acquiert avec le temps une sorte de souplesse. Les phrases avancent en coulées larges pouvant faire penser aux cadences claudéliennes (étudiante, elle lisait l'auteur du *Soulier de satin*, qu'elle appréciait). Son écriture se fait proche parfois de la poésie, le rythme pouvant prendre un accent incantatoire, non pas obsédant mais envoûtant. Cependant, lorsque Simone Weil défend une idée à laquelle elle tient, elle adopte pour convaincre le style de ses débuts. Ainsi fait-elle dans certains textes à caractère polémique, telle cette « Note sur la suppression générale des partis politiques », écrite à Londres en 1943 et parue dans le n° 26 de *La Table ronde* en février 1950. Ces pages réveillèrent chez son vieux maître Alain l'esprit mordant du professeur qu'il fut.

Il réagit à la « Note » deux mois plus tard dans la même revue : « Voici un article plein de feu, écrit comme avec le pic du terrassier. » Et de vanter ces « phrases directes, instantes, frappant plusieurs fois au même point ».

Le même procédé est à l'œuvre dans « La personne et le sacré » où, partant d'une déclaration de principe reposant sur un sentiment indémontrable (à savoir qu'il y a dans chaque homme quelque chose de sacré), elle rebat les cartes une dizaine de fois en variant les points d'attaque. Il y a là une recherche de l'effet, sans doute, mais dans le seul but de contraindre le lecteur à entendre son appel. Ce qui a pu faire dire à Claude Jamet dans ces notes de son journal déjà citées, après une lecture de *L'Enracinement* : « Il n'y manque que le génie du style ; mais y pense-t-on ? Elle a le style du génie. »

La conjonction chez un même écrivain de deux modes de sentir, de percevoir et d'exprimer, alliant froideur (des raisonnements implacables) et passion (une ironie parfois bruyante, un « vibrato » étouffé de compassion), fait de cette philosophe un être inclassable, impossible même selon certains. David Tracy sut dire, dans une conférence prononcée à la Bibliothèque nationale de France en 2009[1], en une formule puissante dans sa concision : « Simone Weil, both excessive person and measured thinker » (« Simone Weil, une personne excessive en même temps qu'un penseur mesuré »).

1. D. Tracy, « Mask as Person. The Disappearing – Appearing Self of Simone Weil » ; trad. fr. : « Simone Weil. Le masque et la personne », in *Cahier de L'Herne*, numéro consacré à Simone Weil, 2014, p. 301-306.

Conclusion

Cette aventurière de la pensée, que l'on assimilerait volontiers à une athlète, tant furent rudes les exercices qu'elle s'est imposés, a recherché des clefs de plus en plus puissantes pour tenter de comprendre et soi-même et le monde, et pour essayer de penser Dieu. Elle n'eut de cesse de travailler à faire sauter le verrou de l'inintelligible. Un défi à l'impossible est chez elle une notion clef. Elle voit là une force ascendante (ou un « principe d'ascension ») qui « jette dans le transcendant ». Ce travail de laboratoire se distingue donc peu de l'exercice spirituel tel que l'entendaient les auteurs de l'Antiquité, comme Pierre Hadot l'a magistralement montré. Avec une finesse psychologique exceptionnelle et une non moins remarquable fermeté du regard, elle a plongé son scalpel aux jointures des comportements, débusquant l'ambigu, retournant les jugements convenus, faisant paraître en pleine lumière les grandeurs et les misères de la race humaine, rarement distribuées selon la vulgate de l'opinion.

Guerroyant avec les idées, guerroyant contre elle-même, Simone Weil ne connut jamais la sérénité de l'âme et elle ôtait le repos chez ceux qu'elle côtoyait (« Elle se reposait dans des pensées qui m'ôtaient le repos », put dire Joë Bousquet). C'est une figure inconfortable qui ne peut laisser indifférent. Une chose est certaine : elle ne cessera de susciter chez ceux qui la lisent, l'ont lue ou la liront, des réactions contradictoires et souvent violentes : soit une admiration presque idolâtrique soit, à l'opposé, une détestation poussée à l'extrême.

Cependant, il est un point sur lequel tous peuvent s'accorder, à savoir la pureté de son regard : rien de vil ni de médiocre chez elle. La seule force de Simone Weil est cette vertu qu'elle évoquait déjà, à 16 ans, dans le premier « topo » qu'elle remit à Alain sur le « Conte des six cygnes dans Grimm » : « La seule force en ce monde est la pureté. »

Elle aurait voulu boire la lumière, se nourrir de la lumière. Elle y parvint presque. Il faut voir là le secret et de sa vie et de sa mort. L'esprit respire dans ses pages un oxygène presque pur. Un été dans les collines de l'Ardèche, Gustave Thibon surprit le regard de Simone Weil qui contemplait les splendeurs de la vallée du Rhône en contrebas et le majestueux Ventoux lui faisant face. Il rayonnait. Ses yeux avaient vu la beauté. Comme absente d'elle-même, aveugle et absorbée, elle était devenue le miroir où se reflétaient les splendeurs contemplées.

La présence de cette grande philosophe, qui fut en même temps une mystique, s'impose. Son regard projette sur les ombres tourmentées de notre temps une lumière violente.

CHRONOLOGIE

1909	3 février	Naissance à Paris.
1925	octobre	Entre en première supérieure au lycée Henri-IV. Elle y est l'élève d'Alain.
1928	octobre	Entre à l'École normale supérieure de la rue d'Ulm.
1930	juillet	Soutient son diplôme d'études supérieures (« Science et perception dans Descartes »).
1931	juillet	Reçue 7e au concours de l'agrégation de philosophie.
	septembre	Entre en relation avec les militants de *La Révolution prolétarienne*.
	octobre	Commence une carrière d'enseignante au Puy. Fait la connaissance d'Urbain et Albertine Thévenon, instituteurs syndicalistes.
1932	juillet-août	Voyage en Allemagne.
	octobre	Nommée au lycée d'Auxerre.
	novembre	Fait la connaissance de Boris Souvarine.
1933	25 août	Parution de l'article « Perspectives. Allons-nous vers la révolution prolétarienne ? »
	octobre	Nommée au lycée de Roanne
1934	juin	Demande un « congé pour études personnelles ». Rédige son « Grand Œuvre », *Réflexions sur les causes de la liberté et de l'oppression sociale*.
	4 décembre	Entre comme ouvrière sur presses dans une usine d'Alsthom.
1935	août-septembre	Voyage au Portugal. Première expérience à caractère religieux.
	octobre	Nommée au lycée de Bourges.
	décembre	Visite les fonderies de Rosières. Entre en relation avec Victor Bernard, directeur technique.

1936	juin	Début du Front populaire.
	août	Se rend en Espagne à Barcelone d'abord, pour rencontrer les dirigeants du POUM d'obédience marxiste, puis rejoint en Aragon les anarchistes de la colonne Durutti. Se brûle gravement la jambe par maladresse.
	septembre	Obtient un congé de trois mois qui se prolongera jusqu'à la fin de l'année scolaire.
1937	février	Conférence sur la rationalisation du travail (taylorisme).
	avril	Publie dans les *Nouveaux cahiers*, récemment fondés.
	avril-juin	Premier voyage en Italie.
	été (?)	« Méditation sur l'obéissance et la liberté ».
	septembre	Assiste au congrès de mathématiques du groupe Bourbaki, à Chançay.
	octobre	Est nommée au lycée de Saint-Quentin, mais, épuisée et souffrant d'atroces migraines, abandonne son poste en janvier.
1938	avril	Suit les offices de la Semaine sainte à l'abbaye de Solesmes. Découvre les poètes métaphysiques anglais et le poème « Love » de George Herbert.
	mai	Lettre à Bernanos à propos de la guerre civile espagnole. Second voyage en Italie.
	vers novembre	Expérience mystique.
1939	mars	Abandonne son pacifisme.
	automne	Rédige « Quelques réflexions sur les origines de l'hitlérisme » et « L'*Iliade*, ou le poème de la force ».

1940	février-mars	Riche correspondance avec son frère, inculpé pour insoumission et incarcéré au Havre, puis à Rouen.
	13 juin	Les Weil quittent Paris. Exode à travers la France.
	15 septembre	Arrivée à Marseille.
1941		Diffuse les *Cahiers du témoignage chrétien.*
	juin	Rencontre le père Perrin, qui la met en relation avec Gustave Thibon.
	août	Séjour chez Gustave Thibon.
	18 octobre	Lettre à Xavier Vallat.
	novembre	« Réflexions à propos de la théorie des quanta ».
1942	mars	Rédige, pour le numéro spécial des *Cahiers du Sud. Le Génie d'Oc et l'homme méditerranéen,* « En quoi consiste l'inspiration occitanienne ? ».
	fin mars	Rencontre Joë Bousquet à Carcassonne.
	2-5 avril	Suit les offices de la Semaine sainte à l'abbaye d'En-Calcat.
	15 avril	Première lettre à Joë Bousquet.
	fin avril	Confie ses *Cahiers* à Gustave Thibon.
	avril-mai	Travail intense. Rédige un nombre impressionnant de textes divers.
	12 mai	Lettres à Joë Bousquet et au père Perrin. Révélation de son expérience mystique.
	14 mai	Embarquement à destination de New York.
	20 mai-7 juin	Escale à Casablanca.
	6 juillet	Arrivée à New York.
	mi-sept.	Première ébauche de sa lettre au père Couturier.
	mi-septembre-novembre	Reprend ses notes journalières sur des *Cahiers.*

1942	10 novembre	Quitte les États-Unis pour Londres où elle est affectée à la direction de l'Intérieur comme rédactrice.
1943		Tente en vain de se faire envoyer en mission en France. Rédige ce qui deviendra *L'Enracinement*.
	26 juillet	Quitte ses fonctions.
	17 août	Est transférée au sanatorium d'Ashford.
	24 août	Meurt d'une défaillance cardiaque, à 34 ans.

BIBLIOGRAPHIE

ŒUVRES DE SIMONE WEIL

Volumes de la collection « Espoir » et éditions plus récentes

Attente de Dieu, préface de J.-M. Perrin, Paris, Fayard, 1966 ; Paris, Seuil, « Livre de vie », 1977 (1re éd. : Paris, Éditions du Vieux Colombier, 1950).

La Condition ouvrière, Paris, Gallimard, « Espoir », 1951.

La Condition ouvrière, nouvelle édition enrichie avec présentation et notes de R. Chenavier, Paris, Gallimard, « Folio essais », 2002.

La Connaissance surnaturelle, Paris, Gallimard, « Espoir », 1950.

Écrits de Londres et dernières lettres, Paris, Gallimard, « Espoir », 1957.

Écrits historiques et politiques, Paris, Gallimard, « Espoir », 1960.

Écrits sur l'Allemagne, 1932-1933, préface de V. Gérard, Paris, Rivages, « Poche », 2015.

L'Enracinement, Paris, Gallimard, « Espoir », 1949.

L'Enracinement ou Prélude à une déclaration des devoirs envers l'être humain, présentation, notes, variantes et annexes par F. de Lussy et M. Narcy, Paris, Flammarion, « Champs classiques », 2014.

Intuitions préchrétiennes, Paris, Fayard, 1985.

Lettre à un religieux, Paris, Gallimard, « Espoir », 1951.

Lettre à un religieux, Paris, Seuil, « Livre de vie », 1974.

Lettre à un religieux. Cette foi est la mienne, préface d'A. Guggenheim, Paris, Bayard, 2020.

Oppression et liberté, Paris, Gallimard, « Espoir », 1955.

Pensées sans ordre concernant l'amour de Dieu, Paris, Gallimard, « Espoir », 1962.

La Personne et le Sacré, préface de F. de Lussy, Paris, RN éditions, 2016.

Poèmes suivis de *Venise sauvée*, Paris, Gallimard, « Espoir », 1968.

La Source grecque, Paris, Gallimard, « Espoir », 1963.

Sur la science, Paris, Gallimard, « Espoir », 1966.

Œuvres [Large choix de textes], sous la direction de F. de Lussy, Paris, Gallimard, « Quarto », 1999. Réimpression en 2020.

Œuvres complètes

Sous la direction d'André-A. Devaux et Florence de Lussy (puis de cette dernière seule) pour les dix premiers volumes, puis de

Robert Chenavier pour les volumes suivants. (Seize volumes sont prévus : treize pour les œuvres et trois pour la correspondance.)

Tome I : *Premiers écrits philosophiques*, 1988.

Tome II, vol. 1 : *Écrits historiques et politiques. L'Engagement syndical (1927-juillet 1934)*, 1988.

Tome II, vol. 2 : *Écrits historiques et politiques. L'Expérience ouvrière et l'adieu à la révolution (juillet 1934-juin 1937)*, 1991.

Tome II, vol. 3 : *Écrits historiques et politiques. Vers la guerre (1937-1940)*, 1989.

Tome VI, vol. 1 : *Cahiers (1933-septembre 1941)* [*Cahiers I-III*, avec deux cahiers dits « inédits »], 1994.

Tome VI, vol. 2 : *Cahiers (septembre 1941-février 1942)* [*Cahiers IV-VII*], 1997.

Tome VI, vol. 3 : *Cahiers (février 1942-juin 1942)* [*Cahiers VIII-XII*], 2002.

Tome VI, vol. 4 : *Cahiers (juillet 1942-juillet 1943)* [*Cahiers XIII-XVII* et « Carnet de Londres »], 2006.

Tome IV, vol. 1 : *Écrits de Marseille I. Philosophie, science, religion, questions politiques et sociales*, 2008.

Tome IV, vol. 2 : *Écrits de Marseille II. Grèce – Inde – Occitanie*, 2009.

Tome III : *Poèmes* et *Venise sauvée*. En préparation.

Tome V, vol. 1 : *Écrits de New York et de Londres (1942-1943). Questions politiques et religieuses*, 2019.

Tome V, vol. 2 : *L'Enracinement. Prélude à une déclaration des devoirs envers l'être humain*, 2013.

Tome VII, vol. 1 : *Correspondance familiale*, 2012.

Correspondance (extraits)

« Correspondance avec Gustave Thibon », in P. Barthelet (dir.), *Gustave Thibon*, Lausanne, L'Âge d'Homme, « Dossiers H », 2012, p. 411-429.

« Correspondance avec Gustave Thibon », in *Cahiers Simone Weil*, t. IV n°s 2 à 4, juin, sept. et déc. 1981. Mais cet ensemble est incomplet. Il devra être revu et confronté à l'édition donnée par Philippe Barthelet (elle-même incomplète).

« Lettre de Simone Weil à Robert Guihéneuf », in *L'Homme et la machine. Autour du « Grand Œuvre »*, *Cahiers Simone Weil*, t. XXI n°s 1 et 2, mars-juin 1998, p. 1-20.

« Lettres à Antonio », in *Cahiers Simone Weil*, t. VII, n° 3, sept. 1984, p. 201-217.

« Lettres à Boris Souvarine », in C. Jacquier (dir.), *Simone Weil. L'expérience de la vie et le travail de la pensée*, Arles, Éditions Sulliver, 1998, p. 25-64.

« Lettres à Jean Posternak », in *Cahiers Simone Weil*, t. X, n° 2, juin 1987 (*Assise 1937-1986*), p. 101-138.
« Lettres au père Perrin », in *Attente de Dieu*, Paris, Fayard, 1966, p. 13-84.
« Lettres de Simone Weil à Louis Bouët », in *Le Travail ou l'Expérience de la nécessité*, *Cahiers Simone Weil*, t. XXXII, n° 4, décembre 2009, p. 417-450.
« Quatre lettres à Huguette Baur », in *Cahiers Simone Weil*, t. XIV, n° 3, sept. 1991, p. 195-205.
Simone Weil et Joë Bousquet. Correspondance 1942. « Quel est donc ton tourment ? », texte établi, présenté et annoté par F. de Lussy et M. Narcy, Paris, Éditions Claire Paulhan, 2019.

Nota bene. – Plusieurs volumes de la collection « Espoir » contiennent des lettres, particulièrement le volume de *La Condition ouvrière* (édition de 2002) où sont publiées, entre bien d'autres, les lettres à Victor Bernard. Le volume *Œuvres* en compte aussi plusieurs, parmi les plus importantes, telle la lettre à Bernanos, les deux lettres du 12 mai 1942 à Joë Bousquet et au père Perrin (cette dernière titrée « Autobiographie spirituelle »), la dernière lettre au père Perrin (datée du 16 mai et écrite à Casablanca), ou celle à Jean Wahl, ainsi que la lettre au père Couturier « Lettre à un religieux ».

OUVRAGES, TRAVAUX ET ARTICLES SUR SIMONE WEIL

Bibliographies et témoignages

Bouchardeau H., *Simone Weil. Biographie*, Paris, Julliard, 1995.
Davy M.-M., *Introduction au message de Simone Weil*, Paris, Plon, « L'Épi », 1954.
–, *Simone Weil. Sa vie, son œuvre, avec un exposé de sa philosophie*, Paris, Puf, « Philosophes », 1966.
Gaeta G., *Simone Weil*, Florence, Edizioni Cultura della pace, 1992.
McLellan D., *Utopian Pessimist : The Life and Thought of Simone Weil*, Londres, Macmillan Press Limited, 1989 (paperback, 1991).
Perrin J.-M., *Mon dialogue avec Simone Weil*, Paris, Nouvelle Cité, 1984 (rééd. 2009).
Pétrement S., *La Vie de Simone Weil*, Paris, Fayard, 1978, 2 vol. (rééd. 1997, 1 vol.).
Rancé C., *Simone Weil. Le courage de l'impossible*, Paris, Seuil, 2009.
Weil Sylvie, *Chez les Weil. André et Simone*, Paris, Buchet-Chastel, 2009.

Yourgrau P., *Simone Weil*, Londres, Reaktion Books, « Critical lives », 2011.
Zaretsky R., *The Subversive Simone Weil : A Life in Five Ideas*, Chicago, University of Chicago Press, 2020.

Ouvrages généraux

Ouvrages centrés sur un thème

Canciani D., *Simone Weil. Il coraggio di pensare. Impegno e riflessione politica tra le due guerre*, Rome, Edizioni Lavoro, 1996 (trad. fr. : *Simone Weil. Le courage de penser*, Paris, Beauchesne, 2011).
Chenavier R., *Simone Weil. Une philosophie du travail*, Paris, Cerf, 2001.
Debidour V.-H., *Simone Weil ou la Transparence*, Paris, Plon, « La Recherche de l'Absolu », 1963.
Di Cicco T., *La Volontà docile. Appunti sulla volontà e sull'amore attraverso i Quaderni di Simone Weil*, Panzano in Chianti, Edizioni Feeria, 2010.
Doering E.J., *Simone Weil and the Specter of Self-Perpetuating Force*, Notre Dame (Indiana), University of Notre Dame Press, 2010.
Fulco R., *Corrispondere al limite. Simone Weil. Il pensiero e la luce*, Rome, Edizioni Studium, 2002.
–, *Soggettivà e potere. Ontologia della vulnerabilità in Simone Weil*, Macerata, Quodlibet studio, « Filosofica e politica », 2020.
Gabellieri E., *Être et don. Simone Weil et la philosophie*, Louvain, Peeters, 2003.
Julliard J., *Le Choc Simone Weil*, Paris, Flammarion, « Café Voltaire », 2014.
Marchetti A., *Politeia e sapienza. In questione con Simone Weil*, Bologne, Pàtron, 1993.
Marianelli M., *La Metaphora ritrovata. Miti e simboli nella filosofia di Simone Weil*, Rome, Città Nuova, « Collana di teologia », 2004.
Muller J.-M., *Simone Weil. L'exigence de la non-violence*, Paris, Desclée de Brouwer, 1995.
Saint-Sernin B., *L'Action politique selon Simone Weil*, Paris, Cerf, 1988.
Sala M.C., *Abitare la vita, abitare la storia. A proposito di Simone Weil*, Gênes, Marietti, 2015.
Sala M.C., Gaeta G., *La Rivelazione greca*, Milan, Adelphi, 2014.
Vetö M., *La Métaphysique religieuse de Simone Weil*, Paris, L'Harmattan, 2014 (3e éd.).

Ouvrages autour de figures intellectuelles et spirituelles

Boutang P., Steiner G., *Dialogues. Sur le mythe d'Antigone, sur le sacrifice d'Abraham*, Paris, J.C. Lattès, 1994.

Janiaud J., *Singularité et responsabilité. Kierkegaard, Simone Weil, Levinas*, Paris, Champion, « Travaux de philosophie », 2006.

Millot C., *La Vie parfaite. Jeanne Guyon, Simone Weil, Etty Hillesum*, Paris, Gallimard, « L'Infini », 2006.

Narcy M., Tassin É., *Les Catégories de l'universel. Simone Weil et Hannah Arendt*, Paris, L'Harmattan, « La philosophie en commun », 2001.

Negri F., *La Passione della purezza. Simone Weil e Cristina Campo*, Bologne, Il Poligrafo, 2005.

Schumann M., *La Mort née de leur propre vie. Péguy, Simone Weil, Gandhi*, postface de J. Guitton, Paris, Fayard, 1974.

Ouvrages collectifs (actes de colloques ou numéros spéciaux de revues)

Castel-Bouchouchi A. (dir.), « Simone Weil et la philosophie », *Les Études philosophiques*, juillet 2007.

Devette P., Tassin É., « Oppression et liberté. Simone Weil ou la résistance de la pensée », *Tumultes*, n° 46, mai 2016.

Doering E.J., Springsted E.O. (dir.), *The Christian Platonism of Simone Weil*, Notre Dame (Indiana), University of Notre Dame Press, 2004.

Gabellieri E., L'Yvonnet F. (dir.), *Simone Weil*, Paris, L'Herne, 2014.

Gérard V. (dir.), *Simone Weil. Lectures politiques*, Paris, Éditions Rue d'Ulm, 2011.

Jacquier C. (dir.), *Simone Weil. L'expérience de la vie et le travail de la pensée*, Arles, Sulliver, 1998.

Kahn G. (dir.), *Simone Weil. Philosophe, historienne et mystique* (colloque Cerisy-la-Salle, 1974), Paris, Aubier Montaigne, 1978.

L'Yvonnet F. (dir.), *Simone Weil. Le grand passage*, éd. revue, Paris, Albin Michel, « Espaces libres », 2006.

Little P., Ughetto A. (dir.), « Simone Weil. La soif de l'absolu », *Sud*, n° 87-88, 1990.

Lussy F. de (dir.), « L'homme et la machine. Autour du "Grand Œuvre" » (après-midi d'étude, BnF, 1997), *Cahiers Simone Weil*, mars-juin 1998.

–, *Simone Weil. Sagesse et grâce violente*, Paris, Bayard, 2009.

Roche A. (dir.), *Boris Souvarine et « La Critique sociale »*, préface de M. Nadeau, Paris, La Découverte, « Textes à l'appui / Histoire contemporaine », 1990.

Schlette H.R., Devaux A.-A. (dir.), *Simone Weil. Philosophie – Religion – Politik* (colloque au Burg Rothenfels, 1985), Francfort-sur-le-Main, Knecht, 1985.

Thélot J., Le Lannou J.-M., Sepsi E. (dir.), « Simone Weil et le poétique » (colloque ENS, 2006), *Les Cahiers de marge*, n° 4, 2007.

Worms F. (dir.), « Simone Weil, notre contemporaine », *Esprit*, n° 8-9, août-septembre 2012.

Quelques articles (ou chapitres de livres)

Breton S., « Simone Weil l'admirable », *Esprit*, mai 1995, p. 31-46.

Citati P., « Portrait de Simone Weil », in *Portraits de femmes*, Paris, Gallimard, « Folio », 2001, p. 166-187 (texte original in *Ritratti di donne*, Milan, Rizzoli, 1992).

Levinas E., « Simone Weil contre la Bible », in *Difficile liberté*, Paris, Albin Michel, « Biblio essais », 2007 (3e éd.), p. 205-217.

Lussy F. de, « Simone Weil. L'attention comme exercice spirituel : "Boire la lumière" », *Sorgue*, n° 6, 2007, p. 13-21.

Steiner G., « Vendredi mal-saint », in *Lectures. Chroniques du « New Yorker »*, Paris, Gallimard, 2010, p. 314-327. (Texte original sous le titre « Bad Friday », in *George Steiner at The New Yorker. Essays*, New York, New Directions, 2009.)

Tracy D., « Simone Weil. The Impossible », in E.J. Doering, E.O. Springsted (dir.), *The Christian Platonism*, Notre Dame (Indiana), Notre Dame Press, 2004, p. 229-241.

Worms F., « Simone Weil ou les effets de la nécessité sur l'âme humaine », in *La Philosophie en France au XXe siècle. Moments*, Paris, Gallimard, « Folio essais », 2009, p. 370-393.

TABLE DES MATIÈRES

Composition et mise en pages
Nord Compo à Villeneuve-d'Ascq

Imprimé en France
par la Nouvelle Imprimerie Laballery
rue Louis Blériot 58500 Clamecy
juin 2021 - N° 104318

La Nouvelle Imprimerie Laballery est titulaire de la marque Imprim'Vert®